曾经是孩子，现在是父母

我的童年不完美，但你的童年可以更美好

［西］贝阿特丽斯·卡苏罗
（Beatriz Cazurro）
著

王丽兴 译

LOS NIÑOS
QUE FUIMOS
LOS PADRES
QUE SOMOS

北方妇女儿童出版社
·长春·

版权所有 侵权必究

图书在版编目（CIP）数据

曾经是孩子，现在是父母：我的童年不完美，但你的童年可以更美好／（西）贝阿特丽斯·卡苏罗著；王丽兴译. -- 长春：北方妇女儿童出版社，2025.3.
ISBN 978-7-5585-9140-2

Ⅰ．G78

中国国家版本馆CIP数据核字第2025H3R855号

吉林省版权局著作权合同登记号　图字：07-2024-0069号

Copyright © Beatriz Cazurro, 2022 © Editorial Planeta, S.A., 2022 © de las ilustraciones del interior © Beatriz Cazurro
Published by Primera edición:septiembre de 2022, through CA-Link International LLC.
Simplified Chinese edition Copyright © BEIJING ZHENGQINGYUANLIU CULTURE DEVELOPMENT CO., LTD
All Rights Reserved.

曾经是孩子，现在是父母：我的童年不完美，但你的童年可以更美好
CENGJING SHI HAIZI XIANZAI SHI FUMU WO DE TONGNIAN BU WANMEI DAN NI DE TONGNIAN KEYI GENG MEIHAO

出 版 人	师晓晖
责任编辑	王天明
装帧设计	季　群
封面设计	WONDERLAND Book design 仙境 QQ:344581934
开　　本	640mm×960mm　1／16
印　　张	14.25
字　　数	180千字
版　　次	2025年3月第1版
印　　次	2025年3月第1次印刷
印　　刷	北京中科印刷有限公司
出　　版	北方妇女儿童出版社
发　　行	北方妇女儿童出版社
地　　址	长春市福祉大路5788号
电　　话	总编办：0431-81629600
定　　价	52.00元

我的童年不完美，
但你的童年可以更美好

　　每个人对童年都曾有过美好的期盼。我们希望自己的童年充满爱，开心的时候有人分享，难过的时候能得到安慰。我们期待那段时光永远温馨而美好。但随着成长，我们慢慢发现：完美童年并不存在。

　　大多数人的童年生活会经历一些不如意。这些不如意可能是自己的需求未被满足，是努力了很久，克服恐惧，学会了一项技能，却没有得到父母肯定后的失落，抑或是父母的争吵让我们误以为做错的那个人是自己，又或者是经历了某些更严重的事件。不管是哪个，这些经历都会在我们的记忆中留下一个个印记。其中一些印记会因为更多肯定的声音逐渐淡化，但另外一些未被妥善处理的记忆却慢慢地变成了心中的伤痕。

伴随着童年印记长大的我们，如今也变成了孩子的父母，成为塑造孩子童年很关键的那部分。然而，当孩子对美好童年的期待需要我们鼓励时，内心尚未愈合的伤痕往往会扭曲了我们对孩子的回应。原本应该充满鼓励的话语，可能变成了"这有什么值得骄傲的，别人家的孩子早就会了"。当我们试图安慰难过的孩子时，曾经失望过的心可能会让我们用冷漠的语气回应："这点儿挫折都受不了？"久而久之，那个被受伤的父母养大的孩子在负面回应中积累了新的伤痕，逐渐变得不相信自己、缺乏安全感，甚至失去了原本属于童年的快乐。

心理学上称这种"无形遗产"现象为代际伤害。这种代际传递的伤害会不断地在养育过程中循环，不仅会伤害过去的孩子，也会伤害现在的孩子。许多父母对此常常感到矛盾而无力。他们会说"我知道这样对孩子不好"或是"我父母就是这么对我的"，但最终还是无法改变。

为了解决这个问题，打破代际伤害的恶性循环，西班牙知名儿童心理学家贝阿特丽斯·卡苏罗为我们重新审视了其中的根源。她指出，要给孩子创造一个健康的童年，首先我们必须走进自己的童年，去治愈那个受伤的自我。只有当我们自身的伤口得到愈合，才能真正保护我们的孩子免受类似的伤害。

卡苏罗重新为我们定义了什么是对孩子的伤害。所谓伤害，并不是只有打骂、体罚，任何对孩子的不善待对孩子来说都是一种虐待。威胁、恐吓，甚至不恰当的奖励都可能会对孩子造成无形的伤害。她还强调："父母有抚养孩子的责任，但不必对所有事情负责。我们无须让自己陷入神经质的内疚，偶尔的放松反而可能对孩子产生积极影响。"不仅如此，卡苏罗还带领我们一步步学会与内心的童年自我联结，理解童年经历如何在成年的自我中体现，最终，我们能以全新的视角来看待孩子，更加理解他们的需要和感受。

这些探讨和建议不仅让我们深刻反省，也为我们提供了改变的方向。我们的童年或许不完美，但孩子的童年可以更美好。这是一种期许，也是一个行动指南。通过自我觉察，识别那些曾经的伤痕，我们可以选择不同的方式回应孩子，打破代际传递的负面循环，为孩子创造一个更加健康、积极的成长环境。尽管这条路充满了挑战，但每一步的努力都是在为孩子铺设更加美好的童年。

让过去的你，帮助现在的你

古老的传说中，有一位笛子手不小心中了魔咒，陷入了一支古老的乐曲中。每当他吹奏时，乐曲的旋律仿佛化作无形的枷锁，会将他紧紧束缚。他越是努力挣脱，音符便越发紧绕，令他难以脱身。他无数次尝试突破，但最终都以失败告终。

正当笛子手感到无助和绝望时，他遇到了一位智者。这位智者听完他的哭诉，缓缓说道："要打破这支乐曲的魔咒，你必须倒着吹奏。沿着这首乐曲的轨迹倒回去，你就能解开束缚的枷锁。"

听完智者的建议，笛子手虽心存疑虑，但还是决定试一试。当他缓缓倒吹起乐曲时，每一个倒放的音符仿佛都在解开他心头的锁链。随着旋律逐渐回溯，压抑在他心头的重担也渐渐消散。最终，在他吹到乐曲的起点时，魔咒彻底消散，笛声重新恢复了自由与灵动。

这个古老的传说给我们透漏了一个深刻的道理——很多时候，前行并不是解脱的唯一途径。勇敢地倒回去，直面曾经困住自己的问题，反而能打破枷锁，找到真正的答案。

作为一名儿童心理学家和心理治疗师，我经常会遇到焦虑而无助的父母来咨询育儿的困扰。他们的问题各式各样，比如：

"贝阿特丽斯医生，我儿子12岁了。小时候我们关系很好，他什么都愿意跟我说，可最近他变得越来越疏远。每次我们试图沟通，但结果总是不欢而散。我不明白，难道孩子长大了就会变得无法沟通了吗？我感觉自己正在慢慢失去他。"

"贝阿特丽斯医生，我的儿子6岁，总是在我和别人交谈时插话打断我们，弄得场面很尴尬。我尝试教他学会等待、轮流说话，可他好像完全不在意这些规矩。每次发生这样的事情，我都很无奈，不知道该如何有效纠正他的行为。我很担心，他以后会不会因为这样的行为在社交场合遇到麻烦。"

"贝阿特丽斯医生，我的女儿3岁了，脾气特别急躁，想要什么东西就必须马上得到，否则就会大哭大闹。我有时被她的情绪搞得非常气愤，但又不知道如何正确安抚她。"

　　看着父母们无助的神情，我通常会给他们讲述这个故事，并告诉他们："让过去的你，帮助现在的你。"

　　过去的你是孩童时期的你，现在的你是当了父母的你。通过回到自己的童年来理解孩子的童年，就像倒着吹奏乐曲，你无须任何方法，就可以破解育儿的困境。

　　例如，我请那位母亲回忆她小时候在大人们交谈时插话的经历。"我小时候插话是因为特别希望引起父母和大人们的注意，让他们觉得我很棒。但那时我太小，根本不懂得社交有时需要遵守规则。"之后，她恍然大悟，笑着说："谢谢您，贝阿特丽斯，现在我知道该怎么对待我的孩子了。我不仅要教他规则，还要理解他想被关注的需求。"

　　当然，也有很多父母表示，他们的童年很糟糕。"原生家庭的阴影"这个说法让很多人在回忆自己的童年这件事上感到不适。但我想说的是，童年的我们认知有限，就像站在一个洼地，对发生在我们身上的事情的诠释是不全面的，甚至是扭曲的。而现在的你已经经历了很多，有了更高、更广的认知，如果能不带评判地去回忆童年发生的事情，无论你的童年是快乐的还是糟糕的，你都能对自己的童年有更深的理解，并能从中获得智慧和力量，从而更好地养育孩子。

　　一位母亲分享了这种不带评判回忆的成功经验。小的时候，有一次她不小心跌倒了，膝盖磕破了皮，疼痛难忍，哭着跑向母亲。而母亲只是淡淡地说：“小孩子摔跤很正常，站起来自己走。”那时的她感到很委屈，觉得自己的父母对自己不关心。然而，今天，当她自己成为母亲后，她学会了用不评判的心态去回顾这件事。她理解了母亲并不是缺乏爱意，而是用她那一代人习惯的方式表达关心，希望她学会独立和坚强。

这个转变不仅帮助她放下了童年时的伤痛，也让她在育儿这条路上找到了自己的方向。她不再受限于过去的埋怨情绪，而是用觉察和智慧将那段记忆转化为一份柔和的力量。今天的她，在教孩子独立时，选择了一种更温柔的方式。

实际上，每个父母心中都有一位睿智的觉察者。回到童年，用我们现在的智慧和经历去重新理解那些曾经困惑我们的经历和情绪，就像笛子手打破古老旋律的"魔咒"，无须方法，只需重新走一遍，就可以在育儿这条路上吹奏出自然灵动的乐曲。

写在前面的话

本书中所有案例均来自父母或孩子的真实经历。为保护隐私，在保持真实性的同时，我对每个案例或经历进行了必要的修改。此外，书中的部分主题或案例可能会唤起某些被掩埋的童年记忆，引发一些与情感相关的不适反应，如胃痛、心跳加速、困倦等。如果出现这种情况，请暂停阅读，先给自己一点儿时间和空间进行消化。如有需要，可向信任的人寻求帮助或向专业人士进行咨询。

目录

第一部分
我们的童年经历如何影响我们的教养方式

家庭氛围的煤气灯效应　　　　　　　　　　　　003

情感创伤的代际传递　　　　　　　　　　　　　006

原生家庭并不都是阴影，还可能是路障　　　　　010

理解父母，成为更好的父母　　　　　　　　　　012

练习1：作为孩子的我　　　　　　　　　　　　015

第二部分
从孩子到父母：避免把你经历的伤害传递给孩子

任何对孩子的不善待都是虐待　　　　　　　　　027

恐惧从来都不是一种良好的教育方式　　　　　　031

惩罚的误区：寻求尊重孩子需求的教养方式　　　036

威胁和勒索：远离隐性暴力	039
避免羞辱：保护孩子自尊心的重要性	045
消除奖励的隐患：重新思考激励方式	049
过度保护的本质是控制	053
责备对儿童心理发展的影响	057
永远不要对你的孩子撒谎	061
煤气灯操纵的伤害性	065
父母化：不把孩子当孩子	069
三角关系：别把孩子当成斗争筹码	073
情感忽视：一种看不见的伤害	077
对性虐待零容忍	081
目睹暴力也是一种伤害	085

第三部分
学会处理自己的情绪，让孩子在平和的环境中成长

自责的根源：神经质内疚	091
健康的内疚：修复与成长的力量	095
停止内耗：与自己和解，与孩子重建联系	098

第四部分
深刻认识一次自己的童年

| 质疑父母，并不是一种禁忌 | 105 |

童年的情感防御机制　　　　　　　　　　109
如何面对童年创伤　　　　　　　　　　　115
重新定义什么是好父母　　　　　　　　　119
练习2：作为成年人的我　　　　　　　　124

第五部分
打破童年枷锁，重新找到育儿力

敏锐的觉察力：父母育儿中的高级智慧　　137
回应力：让孩子感到被理解和重视　　　　144
修复力：从伤害中建立联结　　　　　　　149

第六部分
破除常见错误观念，找到心中的答案

错误观念之一："孩子还小，什么都不知道"　　157
错误观念之二："孩子能适应一切"　　　　161
错误观念之三："给孩子自由就等于不干预"　　166
错误观念之四："你别抱他，会养成坏习惯"　　169
错误观念之五："打一巴掌不会造成伤害"　　172
错误观念之六："听话，才是好孩子"　　　176
错误观念之七：我比你更难受　　　　　　182
练习3：我和我的孩子　　　　　　　　　184

第七部分
重建亲子桥梁：倾听与界限的终极力量

倾听：连接孩子心灵的桥梁　　　　　　　　　*197*
界限：如何在不使用暴力的情况下教育孩子　　*206*

结束语　　　　　　　　　　　　　　　　　*210*

第一部分

我们的童年经历如何影响我们的教养方式

育儿不是单向的教导,而是一次双向的疗愈与成长。
每个人的童年经历都在潜移默化中塑造了我们如今的育儿理念。
那些曾经的喜怒哀乐,
成为我们看待孩子、处理家庭关系的重要依据。
回到童年,不仅可以让我们跳出情绪的困境,
还能帮助我们从中发现新的洞察和智慧,
更好地理解孩子的情感需求,找到更为深刻的解决之道。

家庭氛围的煤气灯效应

先为人子女，后为人父母，每个人都是在当子女的时候就开始学习当父母的。每个父母现在养育孩子的方式都与他们曾经在童年时期被对待的经历息息相关。如果一个人在孩童时期有过温馨的记忆，得到了充分的关注和照顾，那么他在养育自己孩子的时候就会充满安全感；反之，如果一个人童年时期生活在紧张的家庭氛围中，成年后自己当了父母就会焦虑不安，时刻怀疑自我，难以关注到孩子的需求，更难以与孩子建立真正的亲密联系。

苏珊娜的故事

苏珊娜是两个孩子的妈妈。她最近感受到了一种深深的恐惧和无力感，尤其是在孩子们争吵时。当我问起她的童年时，她说自己的童年并不重要，她的童年过得很幸福，父母对她也很好。然而，在听她认真回忆后，我察觉到一个被她忽略的事实：她的父亲酗酒，经常殴打母亲，母亲在枕头下藏着小刀。尽管苏珊娜起初认为这些经历对她没有影响，但随着觉察的深入，她恐惧和无力感的源头逐渐暴露出来。她意识到小的时候，自己对父亲的暴力行为有着深刻的恐惧，而且这种恐惧一直伴随着她。与此同时，由于她对父母的冲突无能为力，无法控制父亲的暴力来保护母亲，恐惧的同时，她也产生出一种无力感。随着时间的累积，这种恐惧和无力感成为她的一种习惯性反应模式。现在，只要看到孩子发生争执，尽管她作为母亲有能力干预，但她的潜意识仍然停留在童年的时刻，感到无能为力。她无法走出童年的情境，下意识地将孩子们的冲突与童年时父亲对母亲的暴力场景相联系，重现了自己在童年时的那种可怕感受。

这种将童年经历与感受不加区分地移植到现在的情况，叫"移情"。它揭示了我们常常没有意识到的事实：很多父母纠正孩子行为的方式，如喊叫、缺乏耐心、过度苛刻、溺爱等，往往是童年未处理创伤的情绪反应。比如，当孩子的某些行为触碰到父母童年留下的伤疤时，父母可能会感到烦躁不安，甚至对孩子小小的错误大发脾气。苏珊娜的情绪反应实际上就是移情的结果，而并不完全是由孩子的行为本身引发的。

孩子其实是上天给予我们的礼物，并不是一种困扰，是孩子给我们提供了重新认识自己的机会。带着成人的阅历重新诠释自己的童年经历，我们不仅可以对自己童年的感受、经历及其留下的印记有足够的理解，也能真正理解孩子的感受，学会与孩子更好地建立关系。这种转变与关系的建立，比任何育儿方法都更加有效。

情感创伤的代际传递

曾经是孩子,现在是父母,这是一个显而易见的事实。然而,在成为父母时,我们常常忘记了这一点,或者更准确地说,我们不觉得自己的童年跟孩子的童年有什么关系。我们专注于"纠正"孩子的行为,却没有觉察到自己童年的经历与孩子的问题密切相关。事实是,父母的童年经历不仅与孩子有关,那些未被处理的情感还会像尘封的魔咒,在孩子出现问题时重新启动,形成一种代际间的情感轮回。

维多利亚的故事

有一天,维多利亚,一位5岁女孩儿的母亲,满怀困惑地找到了我。她告诉我,女儿最近总是频繁洗手,甚至把小手洗得红肿流血,尽管她采用了各种方法试图纠正女儿的这一行为,但都收效甚微。她不知道女儿为何会有如此极端的行为。

我的工作是帮助父母通过其描述的他们的现状，找到那些未被察觉的情绪线索，挖掘出更深的心理根源。于是，我问了问维多利亚的近况。她低声回应，面容满是疲惫："最近几个月，我情绪低落，对生活中的任何事情都失去了兴趣。"她稍作停顿，仿佛在搜寻合适的言语，随后继续说道："我觉得这是工作上的问题，尤其是和我的女老板的关系，她最近突然对我冷淡了，我感到一阵莫名的孤独，甚至有些抑郁。我知道自己对这件事反应过度，但我真的找不到原因。"

维多利亚的女老板年龄与她母亲相仿，曾经对她非常关心和照顾。然而，最近两人的关系逐渐疏远，这让维多利亚感到心灰意冷，孤独感愈发强烈。

我问："这种孤独感，你小时候也有过吗？"维多利亚陷入了回忆，轻轻点头，回想起母亲抑郁时的情景，她低声说道："是的，我母亲患抑郁症时，我也曾感受过同样的孤独。"

经过深入回忆，我们挖出了她隐藏多年的情绪困境。维多利亚对母亲患抑郁症这件事情的情感反应非常复杂。首先，母亲患抑郁症后，对她的关心和照顾越来越少，她感到非常孤独。其次，她对母亲有责怪情绪，觉得自己在最需要情感支持的时候，母亲却缺席了。最后，她还感到十分内疚，因为她觉得母亲并不是故意患抑郁症的，患抑郁症不是母亲的错，她为自己责备母亲感到内疚。当这些复杂而痛苦的情绪一齐向年幼的维多利亚袭来时，她该如何处理呢？回忆到这里时，维多利亚的眼中闪过一丝震惊，大声喊道："天哪，我想起来了！小时候我母亲患抑郁症后，我也开始频繁洗手，试图通过洗手缓解内心的不安和恐惧。现在我情绪不佳，我的女儿也重复了我小时候的行为。我知道了，她内心的孤独和不安就像当年的我。"

维多利亚童年遭遇的心理困境并没有通过洗手清理掉，它一直困扰在心中，甚至还将其移情到了与女老板的关系中，而女老板与她疏离，触发了她童年的伤痛，于是她才会反应过度，以至于有些抑郁，而她的抑郁，就像当年她母亲的抑郁一样，令女儿也陷入了同样的心理困境，并同样通过洗手的行为表现了出来。这种情绪的重现，就像一种伤痛的轮回。

维多利亚从未想到，自己童年未解的情感创伤会在几十年后以相似的方式出现在女儿身上。那一刻，维多利亚充满了自责和痛苦："女儿多么需要我，而我却没有意识到她的真正需求！"但维多利亚无须自责，她只是回到童年，就找到了解决女儿的问题的方法，也消除了长期困扰自己的心理困境。

原生家庭并不都是阴影，
　还可能是路障

很多成年人在听到"原生家庭"这个词时会感到不安和焦虑。面对痛苦记忆，选择回避和压抑是我们最常见的心理应对方式。然而，压抑和回避这些经历其实并不能保护自己免受情感上的再次伤害，因为这些未处理的情感不仅不会消失，还会深藏在心底，形成情感障碍，影响我们与孩子的互动方式。

贝蒂的故事

贝蒂是一位职场母亲，对孩子的未来充满焦虑，害怕孩子犯错，甚至对他微小的过失都会做出过度反应。她对孩子的严格和急躁已经成为家里的常态。每当儿子放学回家表现出懒散、学习不积极时，贝蒂都会忍不住生气，甚至发出严厉的批评："你不能像我小时候那样松懈！你得努力才有出路！"这样的家庭氛围不仅让孩子感到压抑，也让贝蒂常常陷入懊悔，她不知道自己为什么就不能做到放松一点儿。

有一次，在接受育儿咨询时，我引导贝蒂回忆自己小时候的生活。她说小时候她常常因功课稍有疏忽就受到父亲的责骂。父亲对她要求极高，几乎不允许她犯错。尽管当时的贝蒂内心感到焦虑和无力，但她选择压抑自己的情感，坚信父亲的严厉是为了她好。她告诉自己，只有完全符合父亲的期望，才能避免痛苦和挫败感。

在咨询过程中，贝蒂逐渐意识到，童年时的自己承受了巨大的压力，那些未处理的焦虑和挫败感一直被压抑，成了她内心的情感障碍。她回避了那些痛苦的经历，而这些经历如今正通过她对孩子的苛责重新浮现。她对孩子过度的严厉并不是出于爱，而是自己童年被苛责的延续。

意识到这一点后，贝蒂开始更加宽容地对待孩子，不再用苛责来掩饰内心的焦虑。她学会直面自己的情感伤口，明白爱并不是要求完美，而是接受不完美的过程。随着她逐步解开那些曾被回避的情感障碍，贝蒂与孩子的关系也在慢慢修复。

理解父母，
成为更好的父母

当了父母后，很多人会对自己父母曾经面对的困难有更深刻的理解。新手父母常说，他们以前从未想到养育孩子会如此艰难，需要如此多的牺牲，并且充满了坎坷。只有亲身经历了，他们才深刻体会到为人父母的辛劳，以更加客观的心态去理解父母曾犯下的错误，也更加明白了父母这个角色的意义。

丽萨的故事

丽萨五年级的时候，她的妈妈辞退了工作，回家当起了全职妈妈。那个时候丽萨非常生气，因为妈妈每天都在家管着自己。丽萨很烦妈妈，有时候还会对妈妈发脾气，觉得妈妈没为家里做什么贡献，家里的钱都是爸爸一个人赚的。后来，当丽萨自己的孩子出生后，她也从职场回归到家庭，成了全职妈妈。她每天做的事情就是照顾孩子和做家务，经常累到崩溃，有时候连饭都吃不上。丽萨说，每到这种时候，她特别理解自己的妈妈，明白了妈妈当年的唠叨和情绪崩溃，也深刻体会到一个全职妈妈的不容易。

从子女到父母的转变，不仅是角色的互换，更是一种深刻的情感转变和身份认同的重塑。成为父母后，没人会

像小时候一样无条件满足我们、照顾我们,而且我们还肩负起了新的责任。我们不仅要对自己负责,还要照顾孩子,承担他们的行为后果。虽然承认这一点可能会很痛苦,但接纳这种变化能让我们以全新的视角去重新认识自己的父母,深入挖掘自我,从而更客观地看待自己孩子的问题,站在另外一个高度去引领孩子,避免自己遭遇的问题再度出现在孩子身上。

为人父母是一项复杂而艰巨的任务,我们从做孩子的过程中学习如何做父母,而与自己的孩子相处时遇到的许多困难是我们童年经历的结果。很多人在童年时期可能有未满足的需求,甚至还有很多心理创伤,这些经历让我们在成为父母时可能会犯很多"错误",但这些"错误"并不是无法修正的。没有人在当父母的时候就可以做到完美,但几乎所有人都可以重新去回顾自己当孩子时的感受。

深入童年,了解自己的成长过程,带着不评判的觉察去理解自己的过去,我们便能够更好地理解孩子的感受,建立起深度的共情。这一过程虽然可能让人感到艰难,但它同时也为我们打开了自我疗愈和解放的大门。理解和接受童年,是帮助我们成为更好的父母的重要一步。

练习1：作为孩子的我

这本书包含了三组练习。接下来我要介绍的是第一组。这些练习旨在帮助你更好地理解自己过去的经历，无论是作为孩子、成年人还是父母。我希望通过这些练习，帮助大家更清楚地认识自己、疗愈内心和养育孩子。这些练习可以引导你发现新的见解，或者找到平时不会想到的问题解决方式。

如何充分利用这些练习

如果你现在时间不充裕，最好等有空闲时再做这些练习，确保你有足够的时间去思考和回答。

如果你对自己脑海中冒出的第一个答案不满意，这是正常的。但尽量先把这个答案写下来，再考虑其他想法。

完成每个练习后，给自己一些时间，感受内心的变化，决定是否要继续或稍作停顿。最舒适的节奏，就是最合适的。

你可以考虑记录下自己的答案，方便以后回顾这些内容，或者从旁观者的角度重新审视它们。

如果你有伴侣，建议你们分别完成练习，然后一起分享答案。理解彼此的真实想法和节奏，对于关系的和谐非常重要。

第一步：回顾自己童年的经历

我们知道，童年的经历对成年后的生活有着深远的影响。因此，了解自己童年的经历能帮助我们更好地理解自己，也能找到更好的方式去满足孩子的需求。就像我们当年作为孩子时一样，现在的孩子也需要父母与他们建立联系、沟通，并解释他们的决定，同时倾听孩子的声音和想法。

我希望本练习能够帮助你更清楚地看到父母是如何与你互动的，他们是否以你当时需要的方式支持了你。

请尝试回答以下问题。你可以拿出纸笔记录，或者静静思考：

- 父母当时是怎么做的？
- 他们对你说了什么？
- 在接下来的这些场景中，你的感受是什么？

具体问题：

- 当你受伤时，家里发生了什么？你能回忆起某一天的具体情况吗？
- 当你感到害怕时，家里发生了什么？你能回忆起某一天的具体情况吗？
- 当你哭泣时，家里发生了什么？你能回忆起某一天的具体情况吗？
- 当你生气时，家里发生了什么？你能回忆起某一天的具体情况吗？
- 用餐时家里的气氛是怎样的？如果你不想吃不喜欢的食物，会发生什么？你能回忆起某一天的具体情况吗？
- 当你取得某个成就时，家里发生了什么？你能回忆起某一天的具体情况吗？
- 当你经历分离时（如第一次离开家、搬家，或者亲人去世），家里是什么样的？你能回忆起某一天的具体情况吗？
- 家里是如何表达爱的？你能回忆起某一天的具体情况吗？
- 家里有哪些规矩？父母是如何让你遵守的？

你能回忆起某一天的具体情况吗？

这些问题只是一个开始。你可能会想到更多的问题，愿意花更多时间去深入探索。

在回答这些问题时，是否有一些细节引起了你的注意？有没有之前忽略的事情浮现在你的脑海里？你父母的言行是否一致？他们的行为和你回忆中的情景有矛盾吗？在某些情境中，你是否感到被忽视或感到不安？父母的介入让你感到更加平静，还是更孤单或愤怒？他们用什么词语描述了你的感受？你认为他们是否真正理解了你的情绪？

第二步：找出父母给你贴的标签

在童年时，父母常常会用一些词语或标签来形容我们。这些标签可能描述我们的行为，甚至影响我们如今对自己的看法。即使是相同的行为，不同的人可能会用不同的标签来定义。

- 你的父母曾用哪些标签来形容你？比如，"爱哭鬼""不听话""不负责任"或"乖孩子"。
- 当你听到这些标签时，你的感受是什么？是感到难过、沮丧，还是觉得这些标签是个负担？

在回答这些问题时，先花点儿时间想想每一个标签带给你的感受。你可以回忆一个具体的场景，当时你被贴上了某个标签。现在回想一下，你能用一个词来形容当时的感受吗？在回忆这些标签时，你的身体有没有什么感觉或变化？

如果你一时想不起当时的感受，也可以试着想象一下：如果现在有人给你贴上这样的标签，你会有什么感受？或者，假设这些标签是贴在你爱的人身上，他（她）可能会有什么反应？

回答完这些问题后，想想看，是否有其他更积极的方式来重新定义这些标签，避免被误解？也许尝试理解这个标签背后的需求或动机，会带来不一样的角度。例如：

- "我是个淘气包"：其实是个喜欢玩耍、充满活力的孩子。
- "我是个烦人精"：其实是在努力引起关注，希望别人注意到自己。
- "我是个大懒虫"：可能是因为觉得任务太难而感到无法完成，所以选择逃避。
- "我聪明"：虽然有很强的记忆力，但也容易因为学习进度达不到期望而感到压力。

第三步：父母拒绝了我什么？

在理解了父母给我们贴的标签之后，我们就能更容易明白父母对我们的期望。那些标签往往是个线索，帮助我们进一步挖掘出哪些行为或情感是被接受的，哪些是被拒绝的，也可以从中看出父母的要求和期望。在回答下面这些问题时，可能会发现不同的家长对这些方面的态度有所不同。

	接受	拒绝
我的悲伤		
我的快乐		
我的愤怒		
我的恐惧		
我对身体接触的需求		
我的行为方式		
我的思维方式		
我的兴趣爱好		
我的外貌		
我的成就		
我的成长		

续表

	接受	拒绝
我的性取向		
我的依赖		

除使用标签外,你的父母还采取了哪些方法来影响你?他们是如何压制那些不被接受的行为,又是如何鼓励他们喜欢或期望的行为的呢?

> " 我并非天生有什么不好。我童年时所经历的拒绝和否定仅反映了成年人以无条件的方式表达爱意的难度。"

第四步:与内心的小孩重新联结

现在,我们给自己一些时间,与曾经的那个孩子建立联结,去理解他(她)真正的需求和愿望。在做这些练习的过程中,你可能已经接触到了一些痛苦的回忆,或者发现了一些之前没有注意到的事情。现在,给那个孩子一些空间吧:

(1)找一个安静、舒适的地方坐下。

(2)确保你的双脚能够稳稳踩在地上,背部和臀部靠在椅子上。

(3)你可以闭上眼睛,或者保持睁眼,视线专注于一个能让你集中注意力的地方。

（4）把你的手放在一个让你感到温暖和安心的地方，比如放在肚子、胸口，或者双手相叠。

（5）注意你的呼吸。在回答问题之后，看看你的呼吸是否有变化，呼吸的节奏和深度是否与平时不同。呼吸往往能反映出我们的内心状态。

（6）你的脑海中可能会有很多想法，试着不去控制它们，允许它们自然流动，再把注意力拉回到呼吸上。

（7）给自己一些时间，回顾你记起的那些童年回忆。现在，它们已经被带回了此时此刻。

（8）选择一个回忆，仔细回想。当时你几岁？穿着什么衣服？发型如何？你当时的表情、行为和态度是什么样的？这个孩子的感受又是怎样的？花点儿时间，慢慢体会。

（9）你觉得这个孩子需要什么？他希望听到什么？我给你一些建议："我知道发生了什么，不是你的错""你没做错事，我会保护你""你很棒，我一直在这里，不会再让你孤单"。

（10）想象你慢慢走近那个孩子，对他说出他需要听到的话。如果可以的话，诚实地对他说几次。

（11）看看那个孩子有没有变化，是否接受了这些话。不论发生什么，请尊重这一切。可能这是你多年来第一次真正接触自己的童年。

（12）给自己一些时间告别，回到关注呼吸的状态。如果你发现呼吸变得急促，可以放慢呼吸节奏，深吸一口气，感受身体的律动。当你觉得准备好了，可以慢慢睁开眼睛。

（13）记得缓缓站起，给自己一点儿时间去消化刚才的体验。

第二部分

从孩子到父母:
避免把你经历的伤害传递给孩子

许多父母在童年经历过各种创伤，
有些是显而易见的，有些是无意识的。
无论是哪一种，我们都希望自己的孩子不要再去经历。
通过回溯童年，识别那些曾经伤害我们的经历，
不仅能帮助让我们更清晰地理解在面对孩子时的行为和情感反应，
还能有效防止这些伤害在下一代身上延续。

任何对孩子的不善待都是虐待

无论父母童年经历了怎样的伤害，这些都不应当成为对孩子施加类似行为的理由。童年的创伤，尤其是来自父母或最亲近之人的伤害，不仅对孩子的身体和情感需求造成不可逆的影响，还可能让他们在未来的生活中不断重复这一循环。

在孩子成长过程中，父母处于权威地位，拥有对孩子的绝对影响力。然而，这种权威如果被滥用，往往会成为对孩子的暴力伤害。所谓暴力伤害，不仅限于肢体伤害，忽视、惩罚、威胁，甚至目睹暴力都属于伤害的一种形式。可悲的是，很多父母对这些行为的严重性没有清醒的认识，甚至认为这是"合理的管教"。

联合国儿童基金会（UNICEF）的数据显示，全球范围内每十个孩子中就有六个受到父母的体罚，而隐形暴力，如心理虐待或情感忽视则更为普遍。这些行为不仅深刻影响了孩子的大脑发育和情感健康，也对他们的依恋方式形成有很大影响。从孩子几个月大开始，父母对孩子的回应方式就塑造了他们的大脑印记。基于此，孩子会形成一系列有意识或无意识关于自身价值、对他人和世界的观念以及一系列规范。这些规范直接影响了孩子的交往方式、情感、行为以及认知过程，如注意力和记忆力等。这些影响也会贯穿他们的整个生命。因此，如果我们希望孩子在自我、家庭和世界中都能拥有安全感，就必须更好地了解怎么做才是善待孩子。

任何对孩子的不善待都是虐待

注意力不集中的玛塔

劳拉和弗兰带着他们10岁的女儿玛塔来到诊所，抱怨她的注意力和记忆力有问题，希望通过学习技巧训练来改善她在学校的表现。然而，在深入了解后，我发现玛塔从婴儿期开始就经历了家庭暴力的影响——她最早的记忆是父母互相扼住对方的喉咙。这些创伤不仅影响了玛塔的认知功能，还导致她长期缺乏安全感。

进一步咨询时，我了解到劳拉和弗兰的暴力行为也并非无缘无故产生。劳拉童年时常常目睹父母通过争吵和肢体的激烈冲突来解决问题，而弗兰则成长于一个父亲对他严厉体罚的家庭，在他的家里，"棍棒教育"被视为正常。这些未被处理的痛苦经历在他们成为父母后，无意识地延续到了对玛塔的教养中。

健康的养育环境和非暴力的沟通方式是孩子成长过程中不可或缺的。父母必须认识到，任何不善待孩子的行为都是虐待。

打破伤害循环，满足孩子的情感和身体需求，以非暴力的方式进行交流，采取切实可行的措施来保护孩子的身心健康，这不仅对孩子的当前生活有益，也会对他们的未来产生深远的积极影响。

恐惧从来都不是
一种良好的教育方式

正确识别伤害孩子的行为是终止伤害延续的第一步。通常来说，对儿童的伤害可以分为四种类型：身体伤害、心理伤害、性虐待以及情感忽视。这些伤害往往交织在一起，并可能同时存在于一个家庭中。

身体伤害最常见的形式就是体罚。长期以来，体罚被视为纠正孩子"错误"行为的一种有效教育手段。打骂、扇耳光、拧耳朵等方法被广泛使用。在使用体罚时，成人的潜在想法是，孩子会为了避免体罚的痛苦而停止那些"不恰当"行为。这种惩罚方式表面上制止了孩子的"不恰当"行为，但实际上它并未关注到孩子的真正需求，而且还制造了恐惧和不信任，削弱了孩子的自我价值感。

恐惧从来都不是良好的教育方式。成人认为孩子的某种行为不恰当，并不意味着它们真的是不恰当的。孩子的攻击性行为通常是因为他们无法用语言清楚表达情感不适的另一种情感需求方式。如果父母以暴力的方式来制止,不仅无法解决问题,反而会增加孩子的困惑与痛苦,让孩子的神经系统进入"战斗或逃跑"模式,长期压抑情感,最终影响他们的健康成长。支持体罚的人常常忽视了体罚带来的长远影响,尤其是它对孩子心理和情感的伤害。教育的目的是帮助孩子理解和管理自己的情绪,而不是通过使其恐惧来压制他们的本能反应。

> 孩子一旦学会了沟通,他们的攻击性就会自然消失。也就是说,当孩子能够用语言来表达自己的感受,当他们掌握了丰富的词汇来描述自己的内心世界,当他们感觉到自己的界限得到尊重并且能够自由表达自己时,他们就不会再用打人来发泄自己的不满了。

玛蒂娜的情绪失控

内莱亚和阿尔贝托的 7 岁女儿玛蒂娜经常情绪失控,尤其是在做错事的时候,她会哭泣、打翻东西并大声喊叫。在分析原因时,内莱亚和阿尔贝托解释说,他们在家中并不过分严厉,"如果孩子不听话,我们会淋点儿凉水或者打个巴掌以示激励"。

然而，他们并没有意识到正是这种惩罚方式导致了他们的女儿情绪爆发。

深入玛蒂娜父母的童年，我们发现他们正在无意识地重复自己童年时所经历的教育方式。通过体罚让孩子害怕，是他们的父母在那个时代的普遍管教方式，而此前他们从未反思过这些方式的长期影响，从而将这种无意识的行为模式传递给了下一代。

现在在许多国家，身体伤害已被法律禁止，而西班牙也不例外。然而实际情况是，这种行为比我们想象的更为普遍。目前仍有很多关于用鞋子或皮带打孩子的玩笑充斥着网

> 如果你一直把我当作毫无价值的人对待，那我怎么能学会自我肯定呢？

络，使得这种暴力行为被认为是正常和可以辩解的。"我小时候也被打过，但我并没有因此受到很大伤害"，这样的话经常被人们说出来，这都让我们减少了反思和减轻将暴力遗传给下一代的可能性。

常见体罚行为		
打屁股	投掷物品	烧灼
扇耳光	强迫进食	惩罚性剪发
刀割	踹踢	强按
冷水浴	捏掐	拽头发
推搡	限制行动自由	摇晃
吐口水	拳击	

我们通过体罚传递给孩子的信息

"你有问题。"

"你是坏孩子。"

"你的需求必须被压抑。"

"你应该受到报复。"

"我有权对你施加伤害。"

"暴力是一种有效的选择。"

"我更关心你是否做到了我想要的，而不是你个人或你的需求。"

很多时候，成年人使用体罚的原因常常与自己的情感需求和未解的童年伤痛有关。也许是孩子的某些行为引发了父母内心深处未曾满足的情感需求和压抑的愤怒，或者是孩子的需求与自己童年时期未被满足的需求产生了冲突，激发了我们内心的恐惧和威胁感。因此，要打破这种代际传递的循环，父母需要首先认识到自己在育儿中的情感反应，意识到这些恐惧是我们未解的情感疙瘩，而非孩子真正的"问题"。通过反思自己的情感体验和过去的教育经历，父母才能打破这种无意识的重复，找到更加健康的教育方式。

惩罚的误区：
寻求尊重孩子需求的教养方式

很多父母认为惩罚是一种纠正孩子行为的有效方式。表面上看，惩罚似乎能暂时平息孩子的"问题"，让他们按照我们的期待行事。然而，正如其他伤害孩子的行为一样，惩罚其实并没有我们想象中的有效果。原因在于，惩罚是一种试图通过让孩子感到不适来改变行为的技巧。正如成年人一样，当一个人感到难受时，他们并不会表现得更好。相反，只有当一个人感到安全和被理解时，他们才会有良好的表现。因此，惩罚不仅无法教会孩子正确的行为，反而可能加深他们的困惑和情感伤害。

事实上，绝大多数孩子的"问题行为"往往是一种情感表达的方式，而非单纯的需要纠正的不恰当行为。一个明显的例子就是孩子发脾气，这通常是他们在处理情绪上的一种尝试。如果我们仅仅通过惩罚来阻止这些行为而不教会他们如何更好地表达和管理情绪，问题并不会得到解决，孩子会因为无法处理内在的感受而感到挫败，甚至会在无意识中让他们发展出更不健康的应对机制。

被关进房间反思的哈维尔

小时候，哈维尔因为生气而摔坏了旁边的收音机，他的父母将他关进房间反思。然而，在那个封闭的房间里，他没有找到任何办法来处理自己的愤怒，反而变得更加沮丧和愤怒，甚至开始自我攻击。多年以后，当哈维尔在生活中再次面对强烈的情绪时，他发现自己依然会通过伤害自己来应对。这种处理情绪的方式，显然是小时候受到惩罚带来的长期影响。

常见惩罚性语句

"到你房间去，不许吃晚饭。"
"如果你不跟其他小朋友分享玩具，我就拿走它。"
"我不跟你说话，让你长点儿记性。"
"如果你发脾气，我就让你一个星期不能画画。"

我们通过惩罚传递给孩子的信息

"最重要的是你顺从和听话。"

> "你没有反驳的权利。"
>
> "只有你的行为和我对你行为的看法才重要。"
>
> "你的感受不重要。"

惩罚的背后往往是父母对孩子管教失控的恐惧。当孩子的行为让人感到焦虑或失控时，我们往往本能地选择用惩罚来恢复表面的秩序。我们认为，只有通过强制和控制才能设立有效的界限。但事实上，设立界限不一定需要惩罚，而是可以通过尊重孩子需求的方式来实现。真正的教育不在于让孩子恐惧或感到痛苦，而是尊重他们的需求和节奏，教会他们如何用更健康的方式管理自己的情感和行为，这些比简单地通过惩罚来设立界限更为重要。

威胁和勒索：
远离隐性暴力

在儿童成长过程中，显性和隐性的暴力都会对他们的心理、情感和行为产生深远的负面影响。身体暴力的伤害性很容易注意到，但心理暴力和情感忽视的危害往往被忽视。事实上，心理暴力的影响不亚于身体暴力，且更为隐蔽，难以察觉。

威胁和勒索是常见的两种隐性暴力形式，它们并不能真正帮助孩子建立健康的情感与行为模式，反而可能激发恐惧、无助感和反抗。

威胁是指在孩子不遵守某些规则或条件的情况下，父母会跟孩子预示将有负面后果发生。它本质上是利用父母的权威迫使孩子服从。当父母威胁孩子时，其实是在利用不对等的关系进行管教，这种管教带来的短期服从不仅会让孩子恐惧，还会破坏亲子关系。

> 你要再这样，我就不要你了！

正常的成年人都不会接受威胁，可在家庭中，许多父母却每天对孩子这样做。例如，孩子不愿意收拾玩具时，父母可能会说："你要是不收拾，我就把这些玩具扔掉。"这种威胁性话语只会激发孩子的恐惧，并迫使他们违背自己内心的情感需求去做事。

胡安的故事

艾丽西亚是一所幼儿园的园长，她给我打电话请求关于胡安的建议。胡安两岁半，每天上学和放学时总是黏在门口等待父亲来接他。他经常不停地哭，并不停地重复"不要哭"的话语。老师们始终没能找到办法安抚他。我们通过审查班级教学及老师的处理方法，也并没发现有异常行为。后来，我们找到了胡安的父母，并询问了一些情况。我们得知，每天家长离开家时，胡安都会哭泣，因为他不想和父母分别。每天小胡安的父亲负责送他去幼儿园，为了不让他哭，都会跟他说："不……别哭了……如果你再哭，我们就不来接你了。"因为一直担心父亲不来接自己，小胡安始终无法在幼儿园里安心探索或玩耍。虽然他一遍又一遍地重复着"不要哭"来安慰自己，但依然无法抑制自己的情绪，这给他带来了难以承受的痛苦。

威胁和警告常常被混淆，但两者是不同的。警告在育儿中是必要的，但它的目的与威胁不同。警告是为了帮助孩子理解接下来会发生什么，让他们有准备并逐步适应，而不是通过恐惧来迫使他们顺从。例如，"还有五分钟你就该关掉电视了，接着我们去吃晚饭"。警告传递了信息，而非控制，帮助孩子预见即将发生的事情，并给予他们一定的选择空间。

警告	威胁
目的是提供信息和预期。	目的是获取控制权。
预先提示即将发生的事情。	提前预示不服从会受到惩罚。
带来安全感和预见性。	激发恐惧和无助感。
预料到孩子可能不同意,并在实际情况发生时陪伴他们共同面对挫折感。	忽视孩子的情感需求,专注于规则执行。

警告是帮助孩子为即将到来的活动或情境做好准备,它带有预见性和指导性,不以激发恐惧为目的。因此,合理使用警告是一种有效的沟通方式,能够帮助孩子逐渐建立规则意识,而不是通过施压来达到控制的目的。

威胁型话语示例	警告型话语示例
你把玩具收拾好,不然我就把它们扔掉。	你记得睡觉前我们要收拾好玩具哟!
你立马过来,要不就别吃晚饭了。	晚饭已经好了。记得之前有一次饭凉了,你就不爱吃了。
你再不闭嘴我就收拾你了,不是吓唬你。	你现在一定很生气是吗?不过我们不能在这里大声喧哗。咱们一起出去找个地方吧。我抱你出去。
我要去告诉你爸爸,你等着瞧!	我们需要和爸爸谈谈你做了什么,以便下次我们可以一起帮助你。我知道你不想让我告诉他,但我认为这很重要,我希望你能理解。

> **我们通过威胁传递给孩子的信息**
> "我对你的期望比你自身所需更为重要。"
> "威胁是有用的。"
> "我能按我的意愿控制你做什么和不做什么。"
> "我的权力比你大。"

还有一种跟威胁类似的隐形伤害方式是勒索。跟威胁一样,勒索也是通过操纵孩子的情感来让他们服从。不同之处在于,勒索常常以制造内疚或焦虑为手段,迫使孩子屈服于父母的要求。这种话语看似无害,实际上让孩子在焦虑和压力中纠结,无法专注于正常的活动。

罗德里戈的故事

7岁的罗德里戈一到圣诞节就很难入睡,也无法专注于任何活动。到了平安夜这一天,他总是非常紧张和暴躁。原因是他的父母告诉他,只有表现好才会有圣诞老人来送礼物。罗德里戈觉得自己可能永远也无法达到父母对"表现好"的期望,所以他一直处在紧张的状态中。因为紧张,他反而表现得更糟糕。

如此循环,每次到圣诞节,罗德里戈都在紧张不安、对自己失去信心的痛苦状态中度过。父母的话不仅没有起到"激励"作用，反而让罗德里戈失去了本该享受圣诞节的心情。

常见的勒索用语

"如果你不给奶奶一个吻，她会很伤心的。"

"如果你不哭，我就给你一颗糖果。"

"如果你爱我，就听我的话。"

"为了妈妈，你要把所有的东西都吃完。"

我们用勒索传递给孩子的信息

"我想要什么比你的感觉更重要。"

"你的感受无关紧要。"

"别人的感受比你的感受更重要。"

"如果你有自己的主张，你就会感到内疚。"

"如果你反抗或拒绝，你就让我失望了。"

无论是威胁还是勒索，都只是让孩子在短期内服从，但从长期而言损害孩子的心理健康和自我价值感。其实我们可以找到替代方式，避免通过威胁和勒索来操控孩子的行为，比如给予孩子选择权和尊重他们的情感需求。我们可以设定规则，并在规则的执行过程中陪伴孩子，帮助他们理解和接受，而不是通过恐吓或操控来获得顺从。

避免羞辱：
保护孩子自尊心的重要性

羞辱是一种严重损害孩子尊严和自尊心的行为，它对孩子的身份认同感会产生深远的负面影响。任何贴标签、侮辱或贬低孩子的言论都属于羞辱的范畴。这些行为有的是有意的，有的是无意的，但常见的基本有以下几种：

·贴标签：给不符合自己期望的行为贴上消极标签，即使这些行为在孩子的年龄和环境中是正常的。

·施加压力：通过明确或隐晦的方式让孩子感到自己不受欢迎、负面或可笑，迫使他们改变行为。

·嘲笑和蔑视：以嘲笑或轻蔑的语气与孩子对话，试图通过贬低孩子来达到教育的目的。

> 你就知道捣乱。

> 你太让我失望了。

任何贴标签、侮辱或贬低孩子的言论都属于羞辱的范畴

值得注意的是，有的羞辱并不总是通过明显的嘲笑或蔑视表达出来。有的是隐藏在看似"好意"的言语中，却造成了同样的情感伤害。

此外，父母在社交场合谈论他们的隐私、嘲笑他们的行为或情感，对孩子来说是一种公开的羞辱和拒绝，孩子的自尊心会遭到深深的打击，引发强烈的羞耻感。这种羞辱的感觉类似于未经允许的隐私曝光，尤其当这种曝光是以冒犯或嘲弄的方式进行时，它会让孩子感到脆弱和无助。值得注意的是，在他人面前任何对孩子进行打骂、侮辱或嘲笑的行为，都会在孩子心中种下羞耻和不安的种子。

我们常常试图让孩子变得"更好"，以符合我们心目中

"好孩子""聪明""勇敢"或"成熟"的标签。然而，如果我们通过羞辱来传达这些期望，孩子不仅无法感受到爱与支持，反而会感到自己不够好，无法达到父母的标准。

莫尼卡的故事

莫尼卡，43岁，一直讨厌自己的生日。她的记忆中充斥着母亲在她生日聚会上公开羞辱她的画面，母亲总是将她私密的事情拿出来与朋友和家人分享。她至今仍记得一次让她深感羞耻的生日聚会，母亲在她便秘时强迫她把厕所门开着，并向所有来宾解释她的状况。每当生日聚会时，母亲都会以嘲笑莫尼卡为乐，而这些"笑话"在莫尼卡看来却是深刻的羞辱。多年后，莫尼卡依然无法与母亲共同庆祝生日，并且内心充满了无法消解的内疚感。

莫尼卡的故事揭示了羞辱对孩子长期的情感影响。她的母亲或许并未意识到这些行为对孩子造成的深远伤害，但莫尼卡却因此长期逃避与母亲的接触，甚至对生日产生了强烈的负面情绪。这种情感创伤不仅影响了她的童年，还延续到了成年。

羞辱不仅不能帮助孩子成长，反而会让他们变得更加脆弱和封闭。孩子需要感受到父母的支持和尊重，而非被贬低或嘲笑。只有在一个充满爱和尊重的环境中，孩子才能健康地发展他们的身份认同感和自尊心。

常见的羞辱性语句

"你真笨。"

"看你哭得多厉害。"

"你弟弟比你表现更好，他还比你小呢。"

"你都7岁了，如果连牙都刷不好，肯定有什么毛病。"

"你到底怎么回事，是傻了吗？"

"你哭得像个婴儿一样。"

"不要再跟我要东西了，你真烦人。"

"看吧？今天你表现得还像个乖孩子。"

"我把你摔倒的视频分享到了社交网络，太搞笑了。"

我们通过羞辱传递给孩子的信息

"只有按照我的标准行事才能让我满意。"

"你必须按照我的喜好来做。"

"如果你做出了我不期望或不喜欢的事情，你就应该被我羞辱。"

"我不在乎你的隐私。"

"别人有权利嘲笑你。"

消除奖励的隐患：
重新思考激励方式

"奖励"在许多家庭中被视为一种激励工具，父母常常通过奖励来鼓励孩子表现出某种行为或完成某项任务。然而，奖励机制的背后隐藏着隐性的压力，特别是当它被用来操纵孩子的行为时。这种方式可能会妨碍孩子的自然发展，削弱他们的内在动机，甚至造成不必要的心理负担。

当我们用奖励来施加压力，要求孩子停止某种行为或满足我们的期望时，奖励就变成了一种隐形的威胁。表面上，孩子获得了他们渴望的东西，似乎是件好事。但实际上，孩子在追求奖励的过程中可能会感到巨大的压力，尤其是在他们的能力尚未发展完全的情况下。例如，如厕训练依赖于孩子的生理和心理成熟度。如果孩子的身体还没准备好，而父母强加奖励或激励，孩子可能会感到无法实现目标的挫败感。当他们达不到父母的期望时，取消奖励便成了一种变相的惩罚。

这种状况类似于成人被迫在超越自己能力的情况下完成任务，其所带来的压力和失落感是显而易见的。对孩子来说，外界施加的奖励规则和限制让他们感受到的不仅仅是表面的愉悦，更是深层次的压力。

通过奖励来训练孩子某些行为或技能，可能在短期内会有效果，但从长远来看，它可能会产生反效果。当孩子习惯于通过奖励表现出特定行为时，他们会逐渐失去内在动机。行为的本身价值被忽视，取而代之的是对奖励的期望。更严重的是，当父母无法持续提供奖励时，孩子可能会失去兴趣，甚至认为只有获得奖励才值得去做某件事。

父母的焦虑和担忧也会通过奖励传递给孩子。例如，如果孩子每次完成任务都在期待奖励，父母可能开始感到困扰，并采取责备或贴标签的方式。例如："你是不是以为只要做了该做的事情，就能获得奖励？"这种语言传达的是对孩子行为的不满和质疑，进一步打击了他们的内在动机。

丹尼尔的故事

丹尼尔的父母非常担心他将来会在学业上遇到困难，因为他们自己小时候也曾面临过类似的挑战。为了鼓励丹尼尔，他们不断夸奖他坚持学习的表现。

每当丹尼尔掌握一项新技能时，父母就感到安心，并经常为他买礼物作为奖励。6岁的丹尼尔逐渐意识到，只有在学业上取得进步，才能获得父母的认可。他甚至开始放弃和朋友玩耍，更多地把时间花在学习上，以此换取父母的礼物和赞扬。

然而，几周后，丹尼尔在学校表现出了欺凌行为，开始欺负其他孩子。父母意识到问题后，调整了对丹尼尔的激励方式，停止通过奖励施压。随着父母的焦虑逐渐缓解，丹尼尔学会了表达内心的困扰，欺凌行为也逐渐消失。

丹尼尔的故事表明，过度依赖奖励可能会扭曲孩子的价值观。奖励本是为了激励，但它也可能传递出错误的信息，导致孩子认为只有通过取得成就才能获得父母的爱与认可。

重新审视教育中的奖励机制是必要的。奖励机制虽看似是一种积极的教育方式，但当它成为压力的来源时，便会对孩子的心理发展产生负面影响。父母应当更多地关注孩子的内在动机，尊重他们的需求和成长节奏。奖励应当是真心的鼓励，而不是通过操纵来迫使孩子改变行为。我们不应让孩子为了外在的礼物而压抑内心的情感和需求，而是要通过理解和支持，帮助他们在安全、健康的环境中自然成长。

常见的奖励行为

- 孩子接种疫苗后,给不哭泣的孩子一块糖作为奖励。
- 只要把饭菜吃完,不考虑是否还感到饥饿,就可以得到甜点。
- 如果每天花半个小时阅读,就可以买一个新玩具。

我们通过奖励传递给孩子的信息

"你的规律不重要。"

"你的困难无关紧要。"

"最重要的是我的目标。"

"为了得到自己想要的东西,操纵别人是可以接受的。"

过度保护的本质是控制

"过度保护"这个词常常被用来美化一种深层次的控制行为。当父母过度保护孩子时,实际上是在试图掌控他们的行动、情感,甚至思维方式。我们将自身的恐惧和不安全感灌输给孩子,让他们在本应准备好的事物上感到害怕,从而

外面太危险了,这样更安全

限制了他们个性发展和成长的机会。

孩子们正处于探索世界的关键阶段，他们通过自己的经历来建立对世界的认知。如果我们替他们修改作业、担心他们会犯错或者在外界环境中可能遇到的各种危险就不让他们尝试，这不仅是在剥夺他们发展的机会，还会扭曲他们对世界和自己的理解。例如，如果父母一直认为"玩耍是危险的"，并不断干预孩子的行为，孩子最终就会对探索失去信心，长大后也会习惯依赖别人来保护或指引他们，无法建立自己的独立思考和应对能力。

过度保护孩子的原因多种多样：可能是因为父母内心焦虑，缺乏安全感，不信任孩子的能力，或是出于对控制的需求。还有一些父母可能因为情感上的空虚，通过控制孩子来填补内心的缺失。通过控制，父母避免面对那些他们尚未准备好处理的情感或生活问题，但这样的做法却严重影响了孩子的自主性发展。

过度保护，表面上看似是关怀，实际上却是一种对孩子自我认同的伤害。被过度保护的孩子，内心并不会感到被关爱，相反，他们会产生对权威的质疑、压抑感和愤怒，甚至认为自己有某种缺陷，无法独立面对世界。自主性、探索的需求、面对错误和冲突的能力，是孩子健康成长中必不可少的要素。如果父母通过控制，阻止他们发展这些能力，孩子未来的自尊和自我安全感将受到严重损害。

西尔维亚和阿依娜的故事

西尔维亚带着她 7 岁的女儿阿依娜来到咨询室，因为老师发现阿依娜害怕尝试新事物，总是担心摔倒，只有在母亲身边才感到安全。经过深入探讨，我们发现西尔维亚自己对孤独极度恐惧，害怕女儿远离她。因此，她用控制的方式保护女儿，阻止她参与任何可能受伤的活动，并灌输给她一个"外面的世界很危险"的信念。阿依娜因此一直认为，只有妈妈在身边她才是安全的。

这种过度保护不仅限制了阿依娜的成长，还让她形成了对世界的恐惧感。她失去了探索的勇气，无法在外界环境中找到安全感，也无法发展应对挑战的能力。

过度保护并不是关怀，而是控制的另一种形式。作为父母，我们需要反思自己的恐惧和控制欲，认识到这些情感背后的根源，并且信任孩子有能力应对他们自己的挑战。只有当我们放手让孩子独立探索时，他们才能在这个过程中学会解决问题、增强自尊心和自我认同感。

常见的过度保护行为

- 代替孩子解决冲突,即使他们有能力自己解决。
- 不让孩子参与你感到害怕的活动,尽管那对他们而言无所谓。
- 在孩子可以做出选择的问题上替他们做决定。
- 给孩子灌输他们是否准备好去做某事的疑虑。
- 向孩子解释他们还没有准备好理解和处理危险,以阻止他们做我们自己害怕的事情。
- 在他们尚未理解和消化的年龄阶段提供关于绑架、谋杀或强奸等事件的信息。

我们通过过度保护传递给孩子的信息

"不要相信自己。"

"不要成长。"

"待在我身边。"

"你无法做到。"

"你无能为力。"

"世界是危险的。"

责备对儿童心理发展的影响

责备是通过言语或非言语的方式，让孩子为他们的行为、情感或思想感到内疚。这种方式背后的逻辑是：当孩子感到内疚时，他们就会停止我们认为不合适的行为或想法。然而，责备并不能促成真正的成长，反而可能对孩子的心理健康和自我认同产生深远的负面影响。

父母试图通过责备来让孩子意识到某种行为是错误的，借此避免未来的错误发生。例如，当孩子打翻了一个杯子，父母可能会说："你怎么总是这么不小心！"这种责备方式可能会让孩子感到内疚，并促使他们在未来更加小心。但这种"进步"并不是出于真正的成熟，而是因为孩子害怕再次被责备或失去父母的认可。

责备常常成为父母的一种应对策略，帮助他们减少育儿中的压力。当父母忙于工作而孩子要求陪伴时，父母可能会用责备让孩子感到内疚，这样孩子就不再打扰他们。虽然这可能在短期内解决了问题，但从长远来看，责备让孩子在情感上背负你怎么总是这么不小心?

了沉重的负担,削弱了他们的自信心和情感表达能力。

　　责备的一个常见表现是将其他人的责任转嫁给孩子,让他们感到自己做错了事,进而引发内疚感。比如,父母可能会告诉孩子,如果他们不改变某种行为,就不会有人愿意和他们玩。这种言论没有实事求是地描述实际情况,而是通过制造内疚感迫使孩子改变。这不仅使孩子误解了社交行为的真实后果,还让他们背负了不必要的情感负担。

　　通过责备,孩子学到的不是如何理解他人的感受,而是如何避免失去认同和爱。他们没有机会在真实的社交情境中逐渐认识到每个行为的后果,而是被强迫接受一种"改变自己以取悦他人"的观念。这种责备方式可能在孩子成长过程中逐渐内化，使他们成年后依然背负着不合理的内疚感。

豪尔赫的故事

豪尔赫来到治疗中心时，他认为自己有"自卑"问题。他一直觉得自己有缺陷，认为没有人会真正喜欢他。在童年时期，他被父母反复告知是"坏孩子"或"自私鬼"，以至于他开始相信这些负面的标签，并将其内化成对自己的认知。然而，在治疗过程中，豪尔赫逐渐意识到，自己当时并没有做任何不正常的事情，所谓的"坏"或"自私"行为不过是一个孩子的正常反应。

更值得注意的是，豪尔赫发现，他在责备自己的孩子时，重演了童年时父母对待他的方式。当他的孩子做了某些不完美的事情时，他感到内疚，便会用责备的方式让孩子感到同样的内疚。他认为这是快速改变孩子行为的有效方法，也更能让自己体验到作为一个称职父亲的成就感。但豪尔赫意识到，这种责备行为并不是出于对孩子成长的真正关心，而是他童年内疚感的延续。

责备虽然看似能够迅速纠正孩子的行为，但它对孩子的心理健康和自尊心有着长期的负面影响。通过责备让孩子感到内疚，只会压抑他们的情感表达，削弱他们的自信心，让他们更害怕犯错，失去自我表达的勇气，甚至可能导致他们对自己的情感世界产生怀疑。

作为父母，我们应更多地关注孩子的情感需求，通过理解和沟通，而不是责备，来引导孩子理解行为的后果。让孩子学会承担责任并理解他人的感受，远比通过制造内疚来强迫他们改变行为更为有效。

常见的责备语句

"如果你没有把牛奶弄洒，我就不会对你大声吼。"

"真是难以置信，你竟然不想和你妹妹一起玩……"

"都怪你，你爸爸才离开了家。"

我们通过责备传递给孩子的信息

"你是别人不快乐的罪魁祸首。"

"即使你的要求和限制是合理的，如果其他人不喜欢，它们就毫无价值。"

"你必须按照别人的期望来生活。"

"做自己会让你感到内疚。"

永远不要对你的孩子撒谎

说谎是一种有意为之的行为，目的是欺骗对方。父母有时为了让孩子停止做某些不合适的事情或避免麻烦，会选择对孩子撒谎。无论是承诺无法兑现的事情，还是隐瞒孩子有权知道的事实，这些都是说谎的表现。谎言往往源自父母的恐惧或不适，是逃避局面的借口。然而，正如成年人在被欺骗时感到困惑、愤怒和不信任一样，孩子同样会产生类似的情绪。

父母有时会用谎言来安抚孩子，避免复杂的情绪或棘手的问题。例如，当孩子出现分离焦虑时，父母可能会对他们说"我五分钟后就回来接你"，尽管父母知道这不是真的；或者当孩子问及去世的亲人时，父母可能会告诉他们，"奶奶只是出去旅行了"。这些谎言看似可以暂时缓解孩子的情绪，但长期来看，它们却会造成更深的困惑和不安。

当父母没有按时接孩子，或者孩子发现奶奶并没有"旅行"而是去世了，他们会感到被欺骗、失落和不安。这种失信不仅损害了孩子对父母的信任，还可能让他们怀疑世界的真实性和安全性。父母可能认为这些谎言无伤大雅，然而它们往往会引发孩子的焦虑、恐惧，甚至让孩子在未来的沟通中变得更加闭塞。

当谎言被揭穿，孩子常常会表现出"不良行为"或情绪失控。如果父母在此时选择通过责备或忽视来处理孩子的情绪，情况只会变得更糟。隐藏真相或用惩罚来应对孩子的反应，并不能解决根本问题，反而会加剧他们的困惑与痛苦。

不撒谎并不意味着父母需要向孩子透露所有的事情。某些信息确实只适用于成年人。然而，对那些孩子亲身经历的事情，父母应该以孩子的年龄和理解能力为基础，适当地讲述事实。这不仅有助于建立信任，还能帮助孩子更好地应对现实中的挑战。

努利亚和马尔丁的故事

母亲努利亚被诊断出患有癌症。她经常去看医生，身体状况也明显不如从前，但她和丈夫决定不告诉5岁的儿子马尔丁，以免吓到他。每次努利亚去看医生时，她都会告诉儿子妈妈是去上班。然而，马尔丁每次看到母亲离开时都会哭泣，紧紧抱住她。他感到有事情发生，却没有机会表达自己的担忧或了解真相。随着时间的推移，马尔丁的焦虑感愈加强烈，因为他内心的疑虑和恐惧得不到回应。

努利亚和马尔丁的故事表明，父母的隐瞒并不能保护孩子，反而加剧了他们的焦虑和不安。孩子需要父母以他们能够理解的方式告诉他们真相，而不是用谎言掩盖现实。诚实的沟通不仅有助于孩子理解世界，还能增强他们对父母的信任。

谎言不会保护孩子，只会让他们陷入困惑和不安。孩子需要的不是谎言的安慰，而是真相的温柔引导。父母对孩子撒谎可能出于善意，但谎言带来的后果往往比父母想象的更为严重。孩子需要通过真实的沟通来理解世界，并在父母的引导下应对生活中的挑战。诚实不仅能帮助孩子发展出健康的信任感，也能让他们在面对复杂情感时学会自我调节。

常见的撒谎行为

- 当你计划外出晚餐并约见他人时，说："我会在你入睡时留在家里。"
- 当伴侣已经离婚，孩子的爸爸不再同住时，说："爸爸不在家，因为他在另一个城市工作。"
- 当我们明白疫苗可能会引发疼痛时，却说："打针不疼的。"

- 骗孩子上车，却开车去看牙医时说："上车吧，我们出去吃个小点心。"

我们通过谎言传递给孩子的信息

"我不相信你能理解正在发生的事情。"

"你不值得知道真相。"

"这个家里容许谎言。"

"有一些话题最好不提。"

"你的情感让我感到害怕。"

煤气灯操纵的伤害性

"煤气灯效应"是一种隐形的心理操纵方式,操纵者通过不断否定、扭曲受害者的感受和认知,逐渐让对方质疑自己的记忆、判断,甚至对自己的精神状态产生怀疑。这种方式的核心目的在于通过情感操纵,削弱对方的自信,使其陷入深深的困惑和不安。

这个名字来源于1938年的英国戏剧《煤气灯下》。在这部戏剧中,丈夫逐渐降低家中的煤气灯亮度,并不断告诉妻子灯光没有变暗,是她的感知能力出了问题,以此让她怀疑自己。随着时间的推移,妻子开始相信自己可能正在变得"疯狂",而完全依赖丈夫的解释。这个故事成为煤气灯效应的典型案例,展示了通过反复否认和扭曲现实,如何让受害者失去对自己判断和感知的信心。

在亲子关系中,父母有时无意识地使用煤气灯操纵,试图否认或贬低孩子的情感和感受,以维持自己在家庭中的权威地位。比如,孩子表达不满时,父母可能会说:"你为什么这么敏感？这根本不是问题。"通过否定孩子的情感，父母在事实上剥夺了孩子自我认知的机会，让孩子开始质疑自己的感受，进而失去对现实的判断力。

有时，父母之所以使用煤气灯操纵，是为了逃避自己不愿面对的事实。举个例子，当父母在孩子面前失控或发火后，他们更愿意认为孩子的反应是"夸张的"或"毫无根据的"，而不是承认自己的行为可能伤害了孩子。通过这种方式，父母将责任推回给孩子，让孩子质疑自己的情绪和反应，避免面对真实问题。

煤气灯效应在表面上似乎保护了父母的自尊，却在孩子心中种下了深深的困惑和不安。孩子通过父母的反馈来整理自己的情绪和认知，而当父母反复否定他们的感受时，孩子会渐渐觉得自己的情绪是不合理的，开始怀疑自己的判断力。这种持久的情感操纵会严重影响孩子的自尊心，并对他们未来的人际关系产生深远影响。

维多利亚的故事

维多利亚，30岁，为了处理与母亲的关系前来治疗。她长期以来对母亲充满愤怒，却不知道为什么自己如此痛苦。在治疗过程中，维多利亚回忆起，从小到大母亲总是贬低她的情感反应，告诉她

"你太敏感了""这不是什么大事",甚至暗示她的问题在于她对现实的感知有问题。她开始认为是自己"疯了",无法正常感知现实。

实际上,维多利亚的愤怒并不是无缘无故的。她的情感反应是对母亲长期情感操纵的健康警示。煤气灯效应让她相信自己不值得拥有合理的情感反应,从而陷入对自我判断的深深怀疑中。

唯一能够真正了解孩子内心感受的人,只有孩子自己。作为父母,我们的任务不是通过否定孩子的情感来操纵他们,而是帮助他们理解自己的情感,并尊重他们的感知。我们需要用诚恳的语言与孩子沟通,而不是通过轻蔑、嘲笑或否认来让孩子产生自我怀疑。孩子需要的是支持与引导,而不是质疑他们的情感和判断。

通过帮助孩子确认他们的感受,我们可以让他们建立起对自我判断的信任感,从而增强他们的自信心与安全感。相反,如果我们用操纵和否定的方式来处理他们的情绪,孩子将失去对自我的信任,甚至在成年后仍会遭受自我怀疑的困扰。

常见的煤气灯操纵语句

"如果你爱我,你就不会生气。"

"别哭了,没什么大不了的。"

"我觉得这不值得生气。"

"天气这么热,你怎么还想穿毛衣?"

"天哪,你太夸张了。"

"你确定那就是你想要的玩具吗?"

"你太小了,你不知道自己在说什么。"

"我没有大声喊叫,别胡说八道!"

我们通过煤气灯操纵传递给孩子的信息

"你对自己一无所知;因为我比你大,我知道。"

"不要相信你的感受。"

父母化：不把孩子当孩子

父母化是指孩子被迫扮演成年人的角色，承担本不该由他们承担的责任，成为父母或兄弟姐妹的照顾者。孩子为了满足家庭中的情感需求，放弃了自己应有的童年角色，承担起他们无法承受的责任。表面上看，这种"过度成熟"常常被成人称赞，但实际上，它掩盖了孩子内心的焦虑、孤独和压力。

父母化通常发生在父母与孩子的界限模糊不清的情况下。孩子的感受和情绪被父母认同，而父母无法区分孩子的情感和他们自身的感受。这种界限的模糊导致孩子被迫承担超出其年纪的情感负担。例如，当孩子因为没有被邀请参加一个生日聚会而感到难过时，父母可能比孩子更伤心，甚至需要孩子来安慰他们。孩子无法在情感上得到支持，反而变成了情感的照顾者。

有时候，父母化是因为父母本身的情感或身体状态无法应对生活中的挑战。他们可能是因为离婚、丧失伴侣、患病或家庭中的其他压力,让孩子填补情感空缺。父母没有意识到,孩子的角色不是照顾者,而是需要照顾和关怀的对象。

被迫进入父母化角色的孩子,不得不抑制自己的感受,以迎合父母的需求。父母可能无意识中会利用孩子的情感依赖,要求他们提供情感支持。孩子为了获得父母的关注与认可,学会隐藏自己的真实感受,装出坚强、开心的样子。这种情感压抑会导致孩子在成长过程中难以处理自己的情感,形成内心的孤独感和不安全感。

"他比同龄人成熟多了"常常被当作褒奖,但这背后可能是孩子早早承受了太多不属于他们的情感负担。我们应当意识到,孩子表现出的"成熟"往往是被迫的,而不是自然发展的结果。成人的赞赏只是掩盖了孩子内心的压力和孤独感。

露西亚的故事

露西亚的母亲去世后,父亲开始与许多女性交往,但每段关系都很短暂。每当这些关系结束时,父亲都会陷入崩溃,而露西亚则成了他的情感支柱。父亲对她的陪伴感激不尽,并告诉她:"你是唯一不会离开我的女人。"这句话让露西亚长期背负着情感压力,即使成年后,她依然觉得自己无法摆脱父亲对她的依赖。这种压力不仅阻碍了露西亚建立自己的亲密关系，还让她在追求独立自主的过程中感到无形的束缚。

露西亚的故事是典型的父母化案例，她被迫承担了父亲的情感负担，牺牲了自己的成长和发展。她无法正常地表达自己的情感需求，反而被迫成为情感的安抚者，长期内化了这些责任，直到成年依然受到困扰。

父母化对孩子的心理和情感发展有着深远的负面影响。孩子长期被迫扮演成年人的角色，可能会在成年后形成情感压抑、依赖感和自我认知的混乱。他们会难以处理自己的情感需求，甚至在亲密关系中表现出不安全感或控制欲。更为严重的是，孩子可能在成长过程中失去了自我，无法独立面对生活中的挑战，反而继续依赖他人的认可和安慰。

过度的成熟是情感压抑的表现，而不是孩子成长的自然结果。父母化是一种隐形的情感操控方式，它剥夺了孩子应有的童年，让他们承担本不属于他们的情感负担。作为父母，我们有责任照顾自己的情感需求，而不是将这些责任转嫁给孩子。孩子的角色是被照顾者，而不是照顾者。在面对生活中的情感困境时，父母应当寻求外部的支持，而不是让孩子承担他们的情感负担。

常见的父母化语句

"你必须照顾爸爸,他很伤心。"

"现在你是家里的男人,你必须像个男人一样行事。"

"如果你哭泣,我会崩溃。"

我们通过父母化传递给孩子的信息

"你的界限不重要。"

"你的需求是次要的。"

"即使对你来说太多,你也必须照顾他人。"

"别人依赖你。"

"我无法做到,你必须自己能够做到。"

"你必须坚强。"

三角关系：
别把孩子当成斗争筹码

三角关系是一种家庭动态关系，指的是父母利用孩子作为第三方来操纵和处理他们之间的冲突。当父母将孩子卷入他们的争执中，孩子被迫在父母之间做出选择，陷入忠诚的两难困境。这种操纵方式常常让孩子承担了不应有的情感负担，造成长期的心理压力。

当父母将孩子作为他们争斗的工具时，孩子会被卷入父母之间的冲突。例如，一个父母可能对孩子说："你也看到了吧？我这么做是为你好。"这句话不仅试图为自己的行为辩护，还迫使孩子站在他一边，对抗另一方。这种情况让孩子必须在父母之间做出选择，背负着无形的压力。

这种站队现象不仅发生在父母与孩子之间，也发生在兄弟姐妹之间。例如，父母可能会通过比较来操纵孩子之间的关系："你看看你姐姐，她多么负责，你也应该向她学习。"

这种做法会导致兄弟姐妹之间的紧张关系，使他们感到被利用或被忽视。

另一种常见的三角操纵方式是，将孩子当作冲突的替罪羊。在很多情况下，父母并没有真正解决他们之间的问题，而是将注意力转移到孩子身上。他们通过关注孩子的行为问题，避免面对自己关系中的深层次矛盾。例如，夫妻之间可能有情感疏离、沟通不畅等问题，但父母会把焦点放在孩子的"叛逆"或"表现不好"上。实际上，孩子的这些行为往往是他们对父母关系不和谐的一种反应，而不是问题的根本原因。

在这种情况下，孩子被迫成为父母问题的替罪羊，承担了他们之间未解决冲突的情感负担。父母没有意识到，孩子的情绪和行为异常，正是对家庭环境不稳定的回应。

劳尔的故事

劳尔从小就目睹了父母之间的冲突，每当争吵结束后，母亲总是对他说："你也和我一样看到发生了什么吧，孩子？"这种话让劳尔被迫选择支持母亲，并因此对父亲心生怨恨，认为父亲不理解母亲。随着时间的推移，劳尔与父亲的关系变得越来越糟。

在治疗过程中，劳尔意识到，父母之间的冲突并不是他能够评价或解决的。这是一种相互依赖的关系问题，而作为孩子，他并没有足够的情感资源或权利去介入或选择立场。然而，由于他被卷入了这些争执中，他失去了与父亲建立健康关系的机会，被迫站在了母亲的一边。这种无形的情感负担让他在多年后仍感到困惑和痛苦。

当孩子被卷入父母的争执或家庭内部的站队时，从长远来看，这种情感负担会对他们产生深远的影响。孩子会因为被迫选择立场而感到内疚或困惑，难以与父母双方建立健康的关系。甚至在成年后，他们可能依然带着这种情感创伤，难以信任他人或处理亲密关系中的冲突。

将未解决的夫妻问题转移到孩子身上，只会加剧家庭的分裂。三角关系是一种隐藏在家庭中的操纵方式，它迫使孩子卷入父母的冲突中，承担本不该由他们承担的情感负担。孩子需要的是安全、稳定的情感环境，而不是被用来作为解决冲突的工具。只有尊重孩子的情感空间，并解决夫妻之间的深层问题，才能避免三角关系对孩子造成的长期伤害。

常见的把孩子当成斗争筹码的语句

"真不可思议,你爸爸跟他的朋友们出去吃饭,把我一个人扔在这里。"

"你爸爸今天让我过得很糟糕,你能替我跟他谈谈吗?"

"如果你不这样做,妈妈和我就不会吵架了。"

"多注意你妹妹,她会表现得更好。"

我们通过把孩子当成斗争筹码传递给孩子的信息

"我的冲突也是你的冲突。"

"你不能置身事外,不能躲避我的问题。"

"你要么站在我这边,要么站在我的对立面。"

"你可以被其他人利用。"

"你是我可以利用的工具。"

情感忽视：
一种看不见的伤害

情感忽视是指对孩子的情感需求缺乏足够的关注和回应。当父母忽视孩子的情绪、发展节奏或内在渴求时，孩子的情感需求就无法得到满足。这种忽视不仅仅是冷落或遗弃，而且是在日常生活中对孩子情感需求的漠视和无视。

相比于身体上的忽视，情感忽视更难被察觉。我们很容易识别那些不给孩子提供食物、不注意卫生，或在孩子生病时不带其看医生的父母，但情感忽视却往往不易察觉。它不会像身体伤害那样留下明显的痕迹，但其影响却同样深远。很多时候，情感忽视被误认为是"理性"处理孩子情感的方式，比如忽略孩子的哭泣或拒绝回应他们的情绪波动，认为孩子必须自己"长大"。

但实际上，情感上的忽视剥夺了孩子应有的情感支持，削弱了他们未来应对情绪的能力。情感忽视不仅影响孩子的当下发展，还会影响他们成年后处理情感、建立关系的方式。由于情感忽视没有直接的可见迹象，许多成年人在成长过程中很难意识到自己曾经历过这种伤害。

在某些家庭中，父母与孩子过于亲近，模糊了彼此之间的界限，这种关系虽然看似和谐，但实际上也可能是情感忽视的一种表现。当父母试图成为孩子的"朋友"，而不是权威的引导者时，孩子失去了应有的保护和指导。这种模糊不清的角色关系可能让孩子感到无所适从，缺乏安全感和方向感。

父母的职责是引导和保护孩子，而不仅仅是与他们做朋友。虽然有时我们希望通过这种方式与孩子建立亲密关系，但如果忽略了我们作为父母的角色，孩子的情感需求就得不到真正的满足。

很多时候，情感忽视是由于父母希望避免与孩子产生冲突而引发的。父母可能害怕设定界限会让孩子生气，或者不希望被认为是"过时"或"保守"的家长，因此选择回避冲突，甚至让孩子主导关系。然而，这种回避冲突的行为让孩子失去了清晰的界限和指引，长此以往，孩子会感到更加迷茫，甚至难以处理未来的挑战。

父母的角色既包含着爱与关怀，也伴随着必要的约束和引导。即使在设定界限时可能会引发孩子的不满，我们仍然需要坚守自己的责任，因为孩子需要清晰的边界感才能健康成长。

阿尔贝托和玛丽娜的故事

阿尔贝托和玛丽娜在两个问题上产生了分歧：他们的两岁的儿子是否应该去幼儿园，以及他们如何安排独处时间。玛丽娜认为，幼儿园有助于平衡工作和生活，减轻她的压力，而阿尔贝托则认为儿子不应该离开父母太久，即便这意味着他要牺牲更多的时间和精力照顾孩子。

通过咨询，夫妻两人发现，他们对育儿的看法深受各自童年经历的影响。玛丽娜的母亲在她小时候保持了工作与亲密关系的平衡，这使她相信孩子能够在情感纽带中安全成长。而阿尔贝托的童年则充满了孤独感，他的父母虽然在时间安排上很严谨，但情感上对他几乎没有回应。因此，阿尔贝托非常害怕他的儿子也会经历同样的情感缺失，而这正是他坚持反对把儿子送去幼儿园的原因。

情感忽视是一种看不见的伤害，它的隐蔽性往往让我们错过了真正理解孩子需求的机会。

父母有时为了避免冲突或过度追求与孩子的亲密关系而

无意中忽略了他们真正的情感需求。父母不仅需要满足孩子的物质需求，还要关注他们的情感世界，尊重他们的成长节奏，并为他们提供清晰的界限和足够的支持。

常见的情感忽视行为

- 不管孩子的卫生。
- 孩子生病了，不关心。
- 冷天不给孩子提供保暖的衣物。
- 从不给孩子带午餐或点心。
- 长时间不督促孩子。
- 家中存在未加以修正的危险。
- 忽略孩子发脾气、哭泣或其他情绪。
- 没有觉察到孩子旷课的行为。
- 忽视我们作为父母的责任。

我们的忽视行为传递给孩子的信息

"你的需求不重要。"

"我不在乎你。"

"你必须自己处理。"

"你很烦人。"

"我不想扮演父亲/母亲的角色。"

对性虐待零容忍

儿童性虐待是一个复杂的问题，定义和识别起来难度较大。有些形式的性暴力几乎人人皆知且受到谴责，如强奸、对私密部位的触摸或公然露阴。然而，性虐待的范畴远远不止这些，还包括生殖器区域以外的触碰和言语，如头发或手臂上的爱抚、带有性快感意图的游戏、不合适或涉及性的言谈，以及接触不适当的素材或交流内容。尽管这些行为可能非常微妙或看似无害，但它们都属于暴力和虐待范畴。根据世界卫生组织（WHO）的数据，全球每五个儿童中就有一个在童年时期遭受过性虐待，其中大多数施害者是他们的亲属或身边的人。

统计数据显示的结果令人非常担忧，我们更加迫切地需要与孩子建立早期沟通，让他们明白什么是适当的行为，这可以从尊重他们在某个特定时刻不想要亲吻或拥抱的意愿开始。虐待是一种非常痛苦的经历，但更加令人沮丧的是受虐的人不得不默默忍受这样的经历。因此，让孩子足够信任我们是至关重要的，这样他们在面临风险时才会来找我们。要确保只要孩子向我们倾诉，我们就会相信、支持和保护他们。

> 据救助儿童会（Save the Children）统计，在西班牙，大约有10%～20%的人曾经经历过儿童性虐待，而其中85%的虐待发生在家庭内部。据估计，只有15%的案件会被报告给相关当局。

此外，我还想强调一些更加隐蔽和微妙的性虐待形式，它们也是我们无意参与其中，却没有意识到的风险。当孩子被当作性对象看待时，他们也属于遭受了性暴力。尽管这种形式不太明显，在法律上也无法禁止，但这一现象非常值得我们反思，例如，从她们很小的时候起，女孩子被塑造成性化的形象。只要看一下市场上销售的服装和女童服饰就知道了，它们被设计得更加贴身、更多暴露，并逐渐成为一种时尚。在这种流行趋势下，对女性身体外貌和美丽标准的压力成为一个沉重的负担，当这种压力作用于正在发育的身心时，就会带来风险，我们需要对此进行反思并采取措施。

在社交媒体普及的今天，我们所发布的信息内容变得尤为重要。在个人资料中展示我们的女儿时，我们可能无意中在网络世界塑造了一个性感少女的形象，比如以性感姿态或撩人舞蹈为特色。然而，我们不能忽视社交媒体某些关注用户的真实身份和意图，这可能不知不觉地为恋童癖者提供了满足他们需求的素材，甚至为潜在网络骚扰者提供信息。这些人通常通过欺骗手段在聊天室、社交媒体或论坛上与未成年人接触，以获取儿童色情内容或性侵相关信息。

同样需要注意的是，过度保护女孩儿也可能会导致性别化现象的反向发展。为了让女儿远离危险的世界，我们迫使她们过早地放弃童年。一旦她们有了第一次月经，我们会告诉她们已经是女人了，会突然改变对待她们的方式。我们可能会要求她们立即为自己的性安全负责，甚至限制她们穿裙子，暗示有人会对她们有性兴趣。所以，作为父母，我们的任务是在保护女孩儿的同时，让她们拥有童年的权利。这是一项艰巨而又至关重要的任务，在当今社会尤为重要。

赛丽亚的故事

赛丽亚因与伴侣的问题前来治疗。每当丈夫想给还是幼儿的女儿洗澡时，她就会感到非常恶心。她不明白为什么自己会感到如此强烈的反感，因为这本是一个美好的时刻，两人看起来都很享受。她的朋友告诉她要放松并享受这一时刻，说自己的丈夫从不会主动给孩子洗澡，她们都巴不得呢。但无论赛丽亚怎么努力,她都无法放松下来,而且不适感非常强烈,有一天她甚至把丈夫从孩子身边推开了。赛丽亚对这个场景之所以很不适,是因为她在女儿这个年纪时,曾经遭受过继父的性虐待,受到了伤害,而这种虐待就发生在洗澡的时候。

常见的性虐待行为

- 对儿童进行性侵犯,比如性关系、触摸、自慰、性剥削、诱奸、网络诱拐等行为。
- 目睹成年人的性行为(即使他们很小,我们认为他们不会察觉)。
- 性别化女孩儿。

我们通过性虐待传达的信息

"你的身体是用来让别人享受的。"

"你的边界无关紧要。"

"将你作为他人满足的对象是可以接受的。"

"你必须迎合别人的喜好。"

"为了取悦他人,需要忽略自己的界限或以性化方式呈现。"

"你的外貌非常重要。"

目睹暴力也是一种伤害

　　直接暴力是直接对我们施加的伤害，而目睹任何形式的暴力则是一种间接伤害，其伤害性可能与直接经历伤害同样严重。看到他人遭受暴力对待，我们会想：如果自己采取类似行为会有什么后果。这种经历让我们产生一种无助、不确定和警觉的感觉，为了避免暴力，我们会去适应自认为可以规避暴力的规范。目睹暴力还会让我们认为暴力是常态，但我们应该对此进行质疑。目睹家庭暴力、兄弟姐妹之间的暴力或社会暴力同样会带来恐惧、愤怒和无助的情绪。此外，有时我们还会因未能保护那些遭受暴力的人而感到内疚，或者因自己没有成为直接攻击对象而感到安慰。

　　通常情况下，目睹暴力的人很难意识到自己所经历的伤害。事实上，许多人感觉没有权利谈论这个问题，因为他们并非直接受害者，只是目睹了那些暴力事件。他们认为自己可能言过其实，对一些自己没有亲身经历的事情而感到痛苦，他们会认为自己是自私或软弱的。然而，我们必须承认，目睹暴力同样会对心理产生影响，并且需要创造适当的空间来处理这些影响。

此外，还要注意儿童在媒体中接触到的暴力，包括新闻报道、针对成年人的电影或一些色情作品的性暴力。这种暴力对孩子的情感会产生高度影响，可能导致不良行为和令人不悦的情绪。

拉蒙的故事

拉蒙，7岁，每天都以一种特殊的方式与他的玩偶进行游戏。他抓住玩偶，并假装进行性动作，同时说着"我知道你喜欢"。他的行为立即引起了父母的惊慌，他们特别担心孩子是否在学校里遭受了性虐待，于是决定把孩子带到治疗中心，而没有与他进行交谈。事实证明，拉蒙曾经在他父亲的电脑上看过一段色情视频，给他留下了深刻印象，以至于他试图通过用他的玩偶重复这种行为来加以理解。

常见的目睹暴力行为

- 目睹性别暴力。
- 看见父母对兄弟姐妹使用任何形式的暴力。
- 与孩子一起观看暴力电影。

- 接触色情内容。

让孩子目睹暴力行为传递的信息

"如果发生在别人身上,随时可能发生在你身上。"

"在关系中伤害他人是可以接受的。"

"世界是一个不安全的地方。"

"不要相信任何人。"

> 第三部分

学会处理自己的情绪，
让孩子在平和的环境中成长

回溯童年并不只是简单地翻阅过去的记忆，
而是父母作为成年人的一次深刻自我探寻。
这一过程需要我们以全新的视角，
不带评判地去看待曾经的生活环境以及父母的行为。
这种不带评判的反思可以让我们扫除童年的情感障碍，
与自己和解，更好地与孩子建立联系。

自责的根源：神经质内疚

艾米丽的故事

小的时候，艾米丽的母亲经常对她说："你怎么这么不懂事，连这些小事都做不好。"每当她未能达到父母的期待时，内心便充满了深深的内疚。这种情绪像一根无形的绳子，紧紧束缚着她，伴随着她长大成人，并在她的生活中产生深远影响。

当了母亲后，有一次艾米丽去健身了半小时，当回来看到孩子们自己在玩耍时，她竟然觉得自己是个"不称职的母亲"。她责备自己为了"自私"的自我时间而忽略了孩子，短暂的离开仿佛就是对孩子的背叛。然而，这种内疚根本没有理由，一位母亲也可以有自己的时间。这种背叛感只是社会期待与内心苛责交织的结果，是一种名为"神经质内疚"的情感陷阱所导致的。

神经质内疚是一种持久且黏滞的内疚感，伴随着极度的懊悔。这种内疚让人很难对自己宽容。神经质内疚往往没有合理的存在理由，但它会让人陷入自我折磨，比如把自己与一个明显无法达到的完美模型进行比较，不断地产生自责感。神经质内疚会让我们失去改进、行动和享受的空间。

神经质内疚具有多种"功能"。例如，它让我们逃避改变。当我们沉浸在这种内疚中时，会逃避本该处理的事情。为了逃避，我们可能会吸引他人的关注，希望他们来帮助我们处理那些对我们来说很困难的问题。我们通过自我折磨，让别人更容

神经质内疚是一条无尽的深渊

易与我们产生共鸣，从而得到他们的帮助，却不敢直接请求帮助。对许多人来说，寻求帮助被视为软弱或失败的标志，而这可能源自童年时期的苛求或孤独感，但通过自我折磨得到他人的主动帮助，是一种更为熟悉和容易的方式。

在某些情况下，即使别人提供了帮助或解决方案，神经质内疚的人也会排斥，因为这种神经质内疚的功能不是用来解决问题，而是将自己置于受害者地位，以此来吸引人关注，控制或操纵人际关系。神经质内疚表面上是在帮助我们避免他人的批评，但实际上却证实了我们对自我的苛责。童年时期感受到的自身价值缺失、无能为力或对他人和世界缺乏信任信念，已经内化成自我的一部分。

神经质内疚的另一个重要功能是在我们遭到伤害时，不会轻易感到愤怒。在生命的早期阶段，由于儿童心智的运作方式，我们相信周围发生的一切不幸都是自己的错，比如父亲的殴打或祖母的去世。如果没有人陪伴我们共同体验这些情绪，减轻我们的自责，帮助我们处理这些本该正常的愤怒，那么我们就会将愤怒变成内疚，并以神经质内疚的方式成长起来。无法向外界表达的愤怒，最终就转化为内在的愤怒。父母禁忌、缺乏探讨和从小就压抑自己的愤怒，都会使我们沉溺于一种黏滞的内疚感，尽管这种感受非常令人不悦。

神经质内疚是一条无尽的深渊，它吞噬了我们作为父母的自信与自我接纳，让我们总觉得无论做了什么，都无法弥补自己的不足。艾米丽沉溺在这种内疚中，以为这样自我折磨就能得到某种解脱。她说："有时我发现，当我表现得焦虑或内疚时，身边的人似乎更愿意来帮我分担。"然而，她很快意识到，这样的情绪并没有让她真正变得更好，反而让她始终停留在一个受害者的角色中。

艾米丽的内疚，其实源于她未曾表达的愤怒。她回忆起小时候自己不小心打碎了一个盘子，父亲却因此狠狠责打了她一顿。自此之后，她做什么都小心翼翼唯唯诺诺，生怕自己的一个小错误就会遭到巨大的谴责，而每次责怪似乎都在证明自己不够好。

许多父母和艾米丽一样，沉溺于神经质内疚中，以此逃避真正需要解决的问题。我们往往将愤怒压在心底，以为内疚能替代那无法表达的痛苦，但实际上，这只会让我们陷入更深的内耗。

要打破这个循环，艾米丽必须学会接纳自己，而不是内耗。随着咨询的深入，她逐渐意识到，童年的经历已经在无形中塑造了她对自己的认知。她决定不再让过去的内疚控制自己，而是用一种全新的态度去审视自己和她的父母。她说："回到童年不是为了责备自己或别人，而是打破那些束缚自我的枷锁，找到一种更健康的方式去爱自己和孩子。"

健康的内疚：
修复与成长的力量

内疚是一种复杂的情感，它既能让我们陷入无尽的自责，也能成为推动改变的力量。神经质内疚常常将我们拖入自我怀疑的泥潭，而健康的内疚则截然不同。它是一种能帮助我们反思错误、修复关系的积极情感。

健康的内疚不会让我们感到无助，而是为我们提供了一个重新审视自己行为并修复其影响的机会。它不仅帮助我们认识到自己的不足，还引导我们从错误中汲取经验，改善我们与孩子的关系。当我们对孩子发火时，健康的内疚会提醒我们，这样的沟通方式并不适合。它引导我们冷静下来，找到更有效的方式去处理问题。

健康的内疚不是一种惩罚，而是修复亲子关系的起点。健康的内疚让成年人可以以正确的方式为自己的错误承担责任。

例如，一位父亲因为孩子弄脏衣服而生气，健康的内疚让他意识到，弄脏衣服是成长过程中的正常现象。他可能因此向孩子道歉，并通过共同清洗衣服来修复关系。这种内疚不仅让孩子感受到父亲的爱，也加深了两人之间的情感纽带。

然而，像艾米丽那样陷入神经质内疚，则会让我们在育儿过程中丧失行动力和自信心。同样，缺乏内疚感往往意味着缺乏共情，也可能导致父母和孩子之间的情感疏离和关系破裂。

曼努埃拉的故事

曼努埃拉来到咨询中心，表示对她3岁女儿玛尔塔的所谓"叛逆行为"感到担忧。玛尔塔晚上睡觉的时候总是害怕，不愿独自待在床上，而是要求与母亲一起睡觉。曼努埃拉自称是一个通情达理的母亲，并表示已经广泛阅读关于母亲内疚对育儿的限制，并为自己成功摆脱内疚感而感到自豪。

为了实现让女儿独自在床上入睡的目标，曼努埃拉采取了一些极端措施，包括从外面用钥匙锁住玛尔塔的房门，以阻止她离开，或者让她整夜站在曼努埃拉的房间里保持清醒。然而，玛尔塔无法入睡的事实对她的身心发展和人际关系产生了负面影响。曼努埃拉用"所有母亲有时都会不堪重负，我们应该对自己宽容一些"或"我尽力而为，而且最重要的是她能够从中学习"等话语来为自己的行为辩护。她摆脱内疚感的方式，让她对自己极度纵容，并冷漠地描述了一些对女儿施加的羞辱和暴力行为。

曼努埃拉对孩子的情感需求漠不关心，通过锁门的方式"训练"女儿独立睡觉。她不觉得自己有任何不妥，完全忽略了自己的行为对孩子情感上的伤害。这是典型的缺乏健康内疚感的表现。

健康的内疚介于极端自责和完全忽视错误之间，它是一种适度的情感提醒，促使我们反思自己的行为，并采取措施修复与孩子的关系。

健康的内疚是一座桥梁，帮助我们从反思中成长，与孩子建立更深的情感联结。

停止内耗：
与自己和解，与孩子重建联系

形成健康内疚的关键点是如何平衡好积极情绪和消极情绪。我们生活在一个强调积极情绪的社会，常常把"积极"当作"快乐"的代名词。然而，很多时候，所谓的"快乐"其实是人们逃避不愉快、否认或压制负面情绪的方式。我们试图通过保持"快乐"来让"不快乐"消失。但"幸福必须与喜悦相伴"是一个陷阱，因为这是不切实际、无法实现的目标。人类的情感系统并非

抱抱那个负面情绪的自己

如此。所有情绪，无论是积极的还是消极的，都是重要且有价值的，都需要得到处理和关注。我们需要为负面情绪赋予应有的价值，给它们足够的空间。

露西的故事

露西是一位单亲妈妈，独自抚养8岁的儿子马克。表面上她非常乐观，每天把工作和生活安排得井井有条。然而，有一天傍晚，露西在处理完一整天的家务和工作后，已经筋疲力尽，马克因为不想做作业而大发脾气。最终，露西失去了耐心，忍不住哭着大吼："你怎么就不能好好做作业呢！我每天都这么累了，你就不能懂事一点儿吗？"马克被吓到了，因为他从未见过妈妈如此失控，平时的妈妈总是坚强而冷静。

看到儿子满脸泪水的模样，露西感到深深的自责和内疚。她跑进房间，锁上门，情绪崩溃。她痛苦地质问自己：为什么会对孩子发这么大的火？为什么控制不住自己的情绪？

为了保持所谓的"积极情绪"，我们常常压抑悲伤、愤怒和沮丧等"负面情绪"，认为只要忽略它们就能让生活更轻松。但长久以来，忽视这些情绪反而会积累成更大的压力。露西的崩溃正是因为她长期忽视了自己的疲惫和不满，压抑了真实的情绪。

如果露西能够正视并接受自己的负面情绪，给自己留出一点儿空间，她或许会告诉孩子："妈妈今天太累了，没有精力帮你完成作业。你说不想做作业，会让我觉得更难应对。妈妈不是超人，你需要自己承担作业的责任。"通过表达真实的情绪，她和孩子的沟通会更加顺畅，马克也会更理解妈妈。

积极和消极情绪并不是非黑即白的对立，它们是相互交织、共同存在的。虽然我们更喜欢积极情绪，但消极情绪如悲伤、愤怒、恐惧也有其生存意义。它们帮助我们应对挑战，提醒我们注意那些需要处理的问题，而不是简单地忽略或压抑。理解和接纳这些情绪，让它们有机会在我们的生活中发挥作用，我们才能停止内耗，真正与自己和解，形成健康的内疚，更好地与孩子建立深层的联系。

作为曾经的孩子，我们学会了如何压抑情感，如何忍耐不公，甚至如何将他人的期望变成自己的标准。这些未处理的情感一直影响着我们今天的行为模式，尤其是育儿方式。许多父母在育儿过程中陷入了无休止的自我批判和自责中，但这种内耗并不会带来真正的成长。相反，它让我们始终无法全心全意地与孩子建立真实的情感联结。

艾米丽在回顾童年中意识到，她的内疚感源于童年时父母对她的苛责。小时候的她害怕犯错，如今她变成了一个对自己的育儿方式充满怀疑和苛责的母亲，她无意识中将童年的阴影投射到了孩子身上。而曼努埃拉则是因为她的情感被忽视，导致她对女儿的情感需求同样视而不见。

幸运的是，艾米丽最终学会了停止苛责自己，明白了育儿并不需要无休止的自我审判，而是可以找到一种新的成长方式。通过健康的内疚，她逐渐找到了修复亲子关系的力量。每一次的错误不再是自我否定的理由，而是与孩子重新联结的机会。

第四部分

深刻认识一次自己的童年

我们每个人的童年都或多或少存在创伤，
但重要的是，
通过某种方式打破这种代际的传递，
为孩子创造一个美好的童年。
回到自己的童年，
正视和理解过去的经历，
是为孩子创造美好童年的最佳时机。

质疑父母，
并不是一种禁忌

大多数人可能从未认真思考过自己的童年，常常简单地认为自己有一个"美好的童年"和"伟大的父母"。这是许多人坚定不移的信念，仿佛它从不需要质疑。然而，当我们真正深入探讨那些记忆时，理想化的父母形象可能开始摇晃，现实与想象的差距变得显而易见。

"完美父母"的概念只是一种理想化的幻想，它源自我们作为孩子时对安全感的需求。年幼的我们依赖父母生存，因此宁愿把所有的问题归咎于自己，而不是父母的不足。这样，我们就无须面对父母可能伤害过我们这一痛苦的事实。因此，这种思维模式陪伴我们成长，甚至在我们成为父母后不知不觉地延续着。

事实上，孩子的到来会像一面镜子。他们的行为和情绪不断激活我们那些尘封已久的童年情感，重现我们自身未曾理清的过去。这时，质疑父母并非一种背叛，而是一种必要的觉醒。

质疑父母是很多人心中的"禁区"。小时候的我们没有能力去理解父母的行为，更不敢质疑他们的决定。传统的观念告诉我们要感恩，要无条件尊重父母。因此，质疑父母常常带来强烈的内疚感。当有人对我们说"你怎么能说爸爸不好呢？他为你付出了那么多"，我们会感到内心的挣扎无处宣泄。于是，当我们在与父母相处的过程中感受到孤独、悲伤、愤怒或恐惧等负面情绪时，在心理上就会产生很多冲突，很容易陷入自我否定与内疚的深渊。

但事实是，那些童年时未被处理的情感并不会随着时间消失。相反，这些被掩埋的情感会随着我们成为父母而浮现，转化为对自己或孩子不适当的情绪反应与行为模式。即便我们没有意识到它们的存在，它们依旧深深影响着我们的育儿方式，甚至可能会无意中将伤害传递给下一代。

比利的故事

比利的故事就是一个典型的例子。他的父母都是大学教授，从小对他期望极高。比利努力达到父母的标准，成绩优异，最终成功创立了自己的公司。表面上，他看似适应了这种高压的成长环境，成就斐然。然而，比利内心却一直怀抱着一个信念：只有通过严格的要求和不断的自我超越，才能获得成功和认可。

当比利自己成为父亲后，他无意识地将这种高期待投射到了孩子身上。他安排孩子参加各种补习班和课外活动，认为只有这样才能确保孩子的未来。然而，比利的妻子从一个更加轻松、自由的家庭中长大，认为孩子应该享受快乐的童年。两人在育儿方式上的分歧，给孩子带来了困惑和压力。

比利的行为，正是典型的"投射"现象。他将自己童年时未解决的焦虑和对失败的恐惧投射到了孩子身上，每当孩子表现不佳，他的焦虑感就会被唤起。这种不合理的情感，其实来源于他童年时期未被处理的创伤。这样的情感不断影响着他与孩子的关系。

我们无法成为孩子心中的完美父母，但我们可以努力成为更好的父母。这需要我们勇敢地回顾童年，反思父母对我们的影响，并在此过程中打破无意识的行为模式。许多人为了避免情感冲突，往往选择逃避，将父母的行为合理化为"他们尽力了"。但这样的自我安慰，只是暂时的逃避。要真正解脱，我们必须直面父母的行为，理解这些行为背后的复杂性。

　　质疑并不是为了责怪，而是为了理解。通过反思，我们有机会打破情感的轮回。像比利一样，如果他能意识到自己对孩子的高期待其实源自童年的未解情感，他就能逐渐调整自己的育儿方式，学会尊重孩子的独特需求，并与妻子共同创造一个更加和谐的家庭环境。

　　质疑父母并非是一种背叛，而是我们成长的一部分。只有通过反思和理解，我们才能真正跳出代际传递的情感模式。客观地看待父母的影响，能帮助我们避免将这些未解决的情感转移到自己的孩子身上。唯有如此，我们才能与孩子建立更加健康和友爱的关系，给予他们更美好的童年。

童年的情感防御机制

人类的记忆机制远比想象中复杂得多。它不仅仅是对过去的简单回忆,而是经过我们内心的筛选和调整,特别是在面对童年中的痛苦情感或困境时,我们常常无意识地选择回避,从而形成一种被称为"情感防御机制"的屏障。这些屏障不仅将我们与过去的痛苦隔离,还让我们停留在过去,无法清晰看见当下的真相。

以下是几种常见的情感防御机制,以及它们如何在生活中影响着我们——

(1)理想化父母:构建情感堡垒

将父母理想化是一种典型的情感屏障。许多人会无意识地去美化自己的童年,理想化父母的形象。例如:"我的童年非常幸福""我的父母对我很好"。因为通过美化和理想化童年,我们可以避免触及真实的痛苦。这种美化就像构建了一座"情感堡垒",让我们无法去面对痛苦的真相。

索尼娅的故事

索尼娅总是在治疗过程中强调自己有一个无比关爱自己的母亲，母亲是她的"坚实支柱"。然而，在一次深入的回忆中，一个她从未提起的童年片段被揭开了：5岁的她经常被母亲派去酒吧接喝醉的父亲回家，因为父亲只听她的话。有一次，父亲没有跟她回家，反而带她去了另一个酒吧，结果在路上发生了严重的车祸。母亲赶到医院后对她说的第一句话竟然是："我让你把他带回家，你为什么没做到？"

这场车祸揭开了索尼娅长期掩饰的内心伤痕。她虽不断强调母亲的好，但其实只是索尼娅通过理想化母亲来掩盖深藏在内心的痛苦与委屈。她的母亲让一个年幼的孩子承担了不该属于她的责任，所以在索尼娅记忆深处，母亲并没有给予她足够的保护。

（2）情感压抑：藏在微笑背后的泪水

情感压抑是另一种常见的情感防御机制。我们选择压抑内心真实的情感，以回避痛苦的感受，表面上看似坚强，实际上内心的伤痛并未消失。

吉列尔莫的故事

吉列尔莫对待自己的儿子维克多非常严厉，他认为这种高标准的教育方式才是真正的负责。在一次治疗中，他回忆起4岁时的一次经历：有一天，他在墙上乱涂鸦，父亲大发雷霆，把他禁足在家一个星期。当被问及当时的感受时，吉列尔莫冷冷地回答："这没什么，我4岁的时候就知道不应该那样做。"

这种自我压抑的防御机制让吉列尔莫拒绝面对内心的痛苦。与此同时，他还继承了父亲严厉的教育方式，无意识中将这种情感模式传递给了自己的孩子。

（3）情感隔离：混淆了控制与爱

许多人将父母的控制行为与"爱"混为一谈，这也是一种典型的情感防御方式。"他们打我是因为他们爱我。""他们所做的一切都是为了我好。"这种理解方式的危险在于，这些信念、无端自责会在成年时期持续活跃，导致我们忽略童年经历中重要的警示信号，并把控制视为正常，甚至予以辩解。例如，夫妻间的嫉妒和控制："他控制我是因为他爱我。"

凯文的故事

凯文的父亲从不表达对他的关心，总是用一句话解释一切："我做的这一切，都是为你好。"凯文长大后，也习惯了用这种话来对待自己的孩子露西。他为露西报了很多兴趣班，逼着她学习各种才艺，尽管露西时常感到疲惫不堪。凯文总是告诉她："我这么做都是为你好，以后你会感谢我的。"

但长大的露西开始逐渐疏远父亲，变得沉默寡言。凯文感到困惑，明明自己做的一切都是为了孩子好，为什么亲子关系反而恶化了？一次偶然的机会，凯文和一个育儿专家交流，专家指出：父母用"我为你好"的言辞其实是一种情感隔离，掩盖了真实的情感关怀。露西真正需要的不是更多的课程，而是父亲的理解和陪伴。

一些被社会广泛认同，但其实是会带来情感障碍的句子：
• "真正爱你的人会让你哭的。"

- "我这样做是为了你好。"
- "父母的爱是无条件的。"
- "没有人会比你的父母更爱你。"
- "我们的父母已经够好了。"
- "没有人比母亲更了解你。"

除了理想化父母、情感压抑和情感隔离之外，还有其他一些常见的情感防御方式，这些方式就像一道道无形的情感屏障，阻碍了我们与孩子建立深层次的情感联结。比如：

- 投射：将自己的情感转移到他人身上，避免正视内心的真实感受。我们可能把自己的焦虑或不安投射到孩子身上，误认为问题是外部环境造成的，而非源于我们内心的未解情结。

- 否认：拒绝承认痛苦的事实，假装一切都好。情感创伤被深藏，但否认它们对我们日后情感表达的影响。

- 自我贬低：通过贬低自己来回避曾经的伤害。尽管这种方式看似帮助我们逃避痛苦，但它却不断削弱自尊，妨碍我们与孩子的情感联结。

- 攻击性反应：用愤怒或暴力应对内心的脆弱，这种反应掩盖了真实的无助与不安全感，阻碍了与孩子的温和沟通。

童年形成的情感防御机制对我们的情感模式和行为有着深远影响。即便我们试图回避那些痛苦的记忆，它们依然潜藏在我们的潜意识中，影响着我们与孩子的关系。要打破这一情感障碍，就必须回到童年，重新审视这些行为模式。只有这样，才能拆除情感屏障，建立更加健康和充满爱的亲子关系。

如何面对童年创伤

谈到童年创伤，许多人会产生抗拒。没人愿意承认自己受过创伤，尤其是当"创伤"这个词带来那么多误解和担忧时。但如果我们想真正审视自己，并更好地理解自己的情感和行为，我们就必须正视这一问题。

创伤是一种超出我们当时能力范围的经历，特别是对于儿童来说，许多事件和情感远远超出了他们能够应对的能力。意外事故、突然失去亲人，甚至暴力事件，都会在孩子心里留下深深的烙印。虽然有些创伤很明显，比如严重的事故或性侵等，但还有一些复杂的、持续性的创伤往往被忽视，却同样具有毁灭性的影响。比如，父母情感上的长期忽视，会让孩子无力应对，因为他们依赖父母，无处逃避。

理解创伤的本质能帮助我们看清这些经历对儿童（包括我们自己的童年）造成了多么深远的影响。很多被诊断为情感障碍的孩子，如反抗性障碍、焦虑、儿童抑郁症，甚至饮食障碍，都可能是在应对他们童年时无法处理的创伤。这些行为不仅仅是病症，更是他们在面对巨大压力时，身体和心理做出的反应和防御机制。通过这种创伤的视角，我们可以更准确地理解他们的行为，甚至是我们自己曾经经历过的童年创伤。

正如心理学家瑞斯玛·梅纳肯所说："创伤不是事件本身，而是它在身体中留下的印记。"

对一个孩子来说，某些经历可能是压倒性的，而对成年人来说则未必。成年人有着更多的资源去应对，比如自主权、成熟的大脑和处理情感的工具。但孩子不具备这些能力，所以他们的创伤往往比我们意识到的要深得多。

只有当我们识别出这些潜在的伤害时，才能阻止它们对孩子产生进一步的影响。否则，创伤可能会代代相传，成为家庭中的隐形枷锁。每当我们忽视孩子的痛苦，忽略他们的压力和真实感受，我们就失去了一个帮助他们、保护他们的机会。

露戴斯的故事

露戴斯从小就是个"好孩子"，懂得满足他人的期待，从不抱怨。8岁时，她被诊断出患有癌症，但她从来没有表现出害怕，反而微笑着坚强面对。家人和医生都对她的勇敢和坚韧赞不绝口。然而，到了30岁,当她有了自己的孩子后,创伤的阴影悄然出现。每次带女儿去体检,她都会感到极度的焦虑,甚至产生了"女儿会不会突然离开自己"的可怕念头。更让她害怕的是,她甚至开始想,如果女儿受苦,还不如自己提前结束她的生命。这种想法让她觉得自己是最糟糕的母亲。实际上,她的身体正在通过这些焦虑发作,提醒她当年生病时所隐藏的恐惧,只是她当时太过坚强,根本没意识到自己内心的恐惧。

米莲的故事

米莲在孩子出生后,感觉和母亲的关系急转直下。她突然对母亲产生了强烈的厌恶感,尤其是当母亲接近她的孩子时,米莲会感到极度的不适,甚至以强硬的方式阻止母亲靠近。她曾一直理想化母亲,认为母亲是她生命中的重要支柱,但随着孩子的到来,过去那些未被表达的愤怒和屈辱感渐渐浮现出来。事实上,米莲从小就受到母亲的情感操控,而她的潜意识现在正在保护她的孩子免受同样的伤害。

这两个故事表明，创伤并不会随着时间消失，反而会潜伏在我们的内心深处，直到某个触发点将它们再次带回表面。创伤是身体、情感和心理的综合反应，它不仅仅影响我们自己，还可能通过我们的行为无意识地传递给下一代。

　　面对童年创伤，最重要的是承认它的存在。很多成年人习惯为自己的父母辩护，掩饰童年中的痛苦，但这样的防御机制最终会让他们远离自己的真实感受。我们需要明白，承认自己的创伤并不意味着否认父母的良苦用心，也不意味着抹杀我们与父母之间的爱。相反，只有正视那些创伤，我们才能真正理解自己，找到平衡，从而为下一代创造一个更健康、更有爱意的成长环境。

重新定义什么是好父母

如果有一个通用模板能告诉我们如何成为"好父母",那人一定能迅速致富。我们渴望一个简单、直接的答案,来告诉我们如何做好父母。然而,现实是,好父母并没有固定的标准。

我们习惯性地将"好父母"与一些特定的教养方式挂钩,比如情绪稳定、与孩子像朋友一样相处等。但这些要求因人而异,受到每个人的背景、成长经历、家庭环境的影响。对某些人来说,所谓"好的教养方式",在别人眼里可能适得其反。

佩德罗的故事

佩德罗的父亲非常专制,父子之间矛盾不断。因此,当佩德罗成为父亲后,他决定绝不对儿子马克采取权威的态度。他希望能与儿子建立一种平等的关系,鼓励儿子自己决定日常生活中的一切,包括吃什么、穿什么,甚至上不上学。佩德罗觉得,尊重孩子的意愿、让孩子表达自己的情绪，是成为"好父亲"的关键。

然而，随着时间的推移，佩德罗发现儿子马克的行为开始变得危险。马克喜欢爬窗台，啃咬玻璃杯，甚至故意挑衅一些危险的边界。佩德罗开始感到不安，但他并不知道问题出在哪里。事实上，马克在用极端的方式寻找安全感，他需要一个会说"不"的父亲。佩德罗逐渐意识到，马克不只是需要一个朋友，更需要一个设定边界、提供安全感的父亲。自由决定对一个4岁的孩子来说太沉重了。

曼努埃尔的故事

与佩德罗相反，曼努埃尔从小在一个保守的家庭长大，家里的规则就是绝对的服从。他对孩子们同样要求严格，认为孩子必须无条件地遵从他的指示，不然就会面临严厉的惩罚。对曼努埃尔来说，做"好父亲"意味着确保孩子按他设定的标准行事。

尽管曼努埃尔的女儿很听话，但她却从不愿与父亲分享自己的感受和经历。曼努埃尔困惑不已，他一直以为自己在尽力做一个好父亲，为什么孩子却如此疏远？在与咨询师的对话中，曼努埃尔逐渐意识到，他所谓的"好父亲"方式忽略了女儿的情感需求，结果造成了父女之间的情感隔阂。

佩德罗和曼努埃尔的故事反映了同一个问题：他们都以为自己在尽力做"好父亲"，但因为童年的情感障碍，忽略了孩子真正的需求。佩德罗不愿承认，在某些情况下，父亲设定的规矩和边界也是有积极意义的，因为边界可以给孩子带来安全感。然而，学会如何将这些规矩和边界与父亲过去对自己的严厉行为分开，对他来说却是一件困难的事情。而曼努埃尔则很难接受父母在他成长过程中没有考虑他的情感，而只是关注他的行为是否符合标准。虽然这种方式帮助他在学校避免受到严厉的惩罚，让他在目前的工作中可以很好地遵守老板的指示，却阻碍了他与女儿建立更深入的情感关系。

作为父母，我们都希望孩子相信我们是好父母，希望他们拥有温馨的童年记忆，希望能够比我们的父母做得更好，从他们所犯的错误中吸取经验教训，避免重蹈覆辙。然而，我们实现这个目标并不容易，因为很多根深蒂固的因素可能会阻碍我们的努力，而有时我们甚至意识不到这些因素的存在。好消息是，我们有机会去反思和努力改善这些问题。

我们需要重新定义什么是"好父母"，要摆脱传统的标签和刻板印象。近年来，我们习惯了使用类似于"你是一个了不起的妈妈"或者"你们是孩子最好的父母"这样的话语，其实这些标签仅仅是缓解了自我感觉不足的内疚感，而没有真正理解和解决问题。使用这些标签往往会影响我们对孩子的认知，产生负面影响。

相反，在很多情况下，正是一些问题会激励我们积极去寻求合适的资源来明确自己是谁、正在做些什么，以及还需要哪些方面的改进。

爱德华多的故事

爱德华多的 10 岁女儿玛丽娜总是不愿和他说话，还时常拒绝进食。离婚后的爱德华多从未与前妻讨论过孩子的问题，这让玛丽娜感到越来越孤立。当爱德华多和前妻共同参加了家庭治疗后，他们开始明白，在过去的 10 年里，玛丽娜一直在父母的争吵和冲突中感到被忽视和背叛。爱德华多和前妻之间的问题让孩子陷入了情感的泥潭，而他们并未意识到这一点。

我们不能简单地用"好"或"坏"的标签来定义父母，因为育儿是一个复杂而艰难的过程。我们应当不仅关注父母的行为本身，还应关注他们的个人特质和成长历程，以及在克服困难和尽力而为等方面所付出的精力。只有这样，我们才能真正理解并实践成为一个"好父母"的意义。要成为好父母，我们需要放下对"完美父母"的幻想。成为好父母并不意味着从不犯错，而是意味着我们愿意为自己的错误承担责任，愿意学习和成长。

以下几点可以帮助我们重新定义"好父母"的意义：

（1）学习和适应：通过学习，我们能够更好地反思自己，并灵活应对育儿中的困境。

（2）摆脱负罪感：抛开无谓的负罪感，而是接受必要的愧疚感，这种愧疚能帮助我们改进。

（3）理解孩子的需要：不要追求完美，而是专注于如何回应孩子的真实需求。

（4）减少负面影响：我们无法做到十全十美是很正常的，关键是要减少对孩子造成的伤害，并努力弥补。

（5）承担责任：自觉认识自己的问题，承担责任，并为自己的行为后果负责，这样才能成为孩子的好榜样。

成为好父母，不是一种身份标签，而是持续成长的过程。

练习2：作为成年人的我

第一步：回到成年

我们已经知道，小时候别人对待我们的方式，以及他们如何帮助我们调节情绪，会影响我们长大后的应对方式。因此，现在回顾一下当时的经历，看看它们对我们现在的生活产生了什么影响，是很有帮助的。这样我们可以评估自己目前的处理方式是否合适。

我们是否在无意识中沿用了当年别人对待我们的方式？我们对自己说话的语气，是否和当年别人对待我们时相似？我们是否能理解自己经历的事情？在反应之前，我们是否会先和自己沟通？我们是否允许自己寻求帮助，或者会把情绪发泄到他人身上？我们是否会用伤害自己的方式来安抚自己？让我们来一起探讨这些问题。

就像之前我们在"作为孩子的我"那一部分所做的一样，在回答以下问题时，可以考虑：（1）当时你的感受；（2）

你当时的反应和行为;(3)你说了什么;(4)在这些情境发生时或者之后,你的想法是什么。

- 当你给自己造成伤害时会发生什么?你能回忆并描述最近发生的一次具体情境吗?
- 当你感到害怕时会发生什么?你能回忆并描述最近发生的一次具体情境吗?
- 当你想哭时你会做什么?你能回忆并描述最近发生的一次具体情境吗?
- 当你生气时会发生什么?你能回忆并描述最近发生的一次具体情境吗?
- 当你取得成就时会发生什么?你能回忆并描述最近发生的一次具体情境吗?
- 告别对你来说是什么样的体验?你能回忆并描述最近发生的一次具体情境吗?
- 你是如何向自己和他人表达爱意的?你能回忆并描述最近发生的一次具体情境吗?
- 你是如何处理冲突的?你能回忆并描述最近发生的一次具体情境吗?
- 你是否注意到童年的经历和你现在对待自己的方式之间有某种联系?你童年时学到的东西,现在是否在影响你对自己的态度?

第二步：我给自己贴了怎样的标签？

我们常常发现，摆脱一些标签是很困难的。那些标签曾被别人贴在我们身上，随着时间的推移，我们可能开始相信它们是我们的一部分。

- 如果现在让我问你如何定义自己，你会怎么描述？
- 你认为自己有哪些优点？又有哪些缺点？

当我们回答这些问题时，很多曾经被贴在我们身上的标签可能会浮现出来。那些标签和你父母当年给你的标签是否一致？不管标签看起来是正面的还是负面的，它们都有可能成为我们生活中的负担。所以，我们可以做一个简单的练习，尝试把这些标签归还原处，看看它们是否真的符合事实。

- 你是否还在使用那些别人曾经贴在你身上的标签？回顾一下你之前写下的内容，花点儿时间去思考每个标签背后的含义，它如何限制了你，以及你背负这些标签时的感受。了解这些标签的真相后，你会把这些标签贴在你最好的朋友身上吗？如果你称呼某人为"好人"或"完美主义者",抑或认为其"很烦人""太强势",他们会有什么感觉?

有时我们给自己贴的标签,恰好和小时候被贴的标签相反。比如,小时候被认为"懒惰"的人,长大后可能会变得非常勤奋,想要摆脱那个不愉快的标签。这样他们可能会无法放松自己,享受生活。

从现在开始,留意你什么时候给自己贴上这些标签,并改变你内心对话的方式:"我不必被这些标签定义,它们只是别人对我的看法,并不是事实。那个标签并不代表我的身份,所以我可以选择放下它,去发现自己真正的潜力和价值。"

第三步:我厌恶自己的哪些方面?

如今,越来越多人在谈论自我接纳,强调接受自己不喜欢的部分,以及认同我们本来的样子有多重要。为了做到这一点,我们首先需要了解那些我们拒绝、不喜欢、批评、隐藏,或一直试图改变的部分。也许还有一部分,我们一直在伤害、责备或压抑着。

在那些贴在我们身上的标签背后,我们可能会发现许多让自己感到厌恶的地方。比如,如果有人称我聪明,我可能会否认自己其实有时理解得很吃力的一面。如果有人说我懒惰，我可能不愿面对自己其实需要更多帮助来安排时间，或者因为太过疲惫而渴望放松的一面。如果有人用"胖子"来侮辱我，我可能会因此排斥自己的身体，或者不愿正视自己和食物之间的复杂关系（如果有的话）。

现在，请花一点儿时间，思考一下：你对自己的哪些方面感到厌恶？

	接受	拒绝
我的悲伤		
我的快乐		
我的愤怒		
我的恐惧		
我与他人关系中的情绪		
我的行为方式		
我的思考方式		
我的外貌		
我的喜好		
我的成就		
我的年龄		
我的性取向		
我与他人接触的需求		

为了隐藏这些讨厌的部分，你对自己采取了哪些方式？

- 你会惩罚自己、责骂自己、否定自己，甚至伤害自己吗？
- 你认为自己是从哪里学到这些对待自己的方式的？
- 站在一个成年人的角度，重新阅读这些内容后，你真的觉得这些被你拒绝的部分有那么糟糕吗？

> 将自己拒绝的部分视为一种宝贵的适应方式。我并没有任何不好的地方。现在我可以学会接受它们。

第四步：反思与成长

当你开始做这些练习时，可能会发现一些问题特别难回答。这是因为我们的记忆储存方式常常让我们无法把现在的事情和过去的经历联系起来。有时，这就像一道看不见的墙，阻止我们看清整个情况。无论怎么思考，都无法得出让我们满意或有用的答案。不过，通过观察自己当前的一些症状，我们可以找到线索，来了解自己的童年是否得到了满足，或者发生了哪些重要的事情。以下这些症状可能会提供一些暗示：

- 缺乏自尊心。
- 情感上过度依赖他人。
- 害怕被抛弃。
- 总是取悦他人，忽视自己的需求。
- 渴望外界的认可。
- 对自己的身份感到羞耻。
- 回避不愉快的情绪。
- 难以处理不愉快的情绪。
- 回避冲突。
- 经常挑起冲突。
- 难以说"不"。
- 对他人的虐待行为过度容忍。
- 无法辨识他人的虐待行为。
- 对未来感到恐惧。
- 对世界和他人不信任。
- 没有理由的恐惧。
- 难以控制情绪。
- 身体上常有不适感。
- 冲动行为。
- 成瘾行为。
- 反复思考。

- 强迫行为。
- 经常做噩梦、失眠或有回忆闪现。
- 有精神疾病的诊断。

如果你觉得自己符合以上某些表现，请记住，这些症状可能是在帮助你理解童年时如何应对复杂的环境。现在你所经历的痛苦，也许只是你曾经为了生存而采取的应对方式。这些问题并不是天生就有的。你是否曾经听到有人告诉你，这并不是你的错呢？或者，你是否愿意尝试一种新的方式，来减少自己的痛苦呢？

当你思考过这些问题后，我们可以继续下一个练习。很多成年人发现情绪管理是个大问题。不管是因为缺乏对自身状态的了解，还是因为压抑、回避情绪，或是在情绪突然爆发时不知如何应对，都会导致情绪失控。下面的简短练习可以帮助我们更好地联结自己内在的感受，并保持稳定的情绪。

（1）找一个舒适安静的地方坐下，确保这个地方可以支持你保持放松的姿势。双脚平放在地面上。你可以选择闭上眼睛，或者保持睁开，轻松地将视线放在一个点上，这样可以帮助你更好地专注自己。

（2）把注意力集中在自己的呼吸上，不需要刻意改变呼吸的节奏。只是简单地感受呼吸的节奏、路线，以及每次吸气和呼气之间的微小停顿。

（3）观察身体的各个部位，找出哪里有紧张或僵硬感。觉察这些地方，并注意这些紧张感是如何影响身体其他部位的。

（4）深吸一口气，然后慢慢地、温柔地呼气，试着放松你感到紧张的部位。每次呼气时，注意身体是否有任何变化。相信自己有能力察觉和释放这些紧张感，哪怕只是稍微减轻一些。

（5）有时候，当我们释放紧张感时，会感觉到松了一口气；但有时候，释放紧张感可能会让我们产生难以承受的情绪。如果发生这种情况，请承认它并接受它，并意识到你可能需要在一个安全的空间来面对这些情绪。

（6）如果你愿意，你可以让那个身体部位再度紧张起来，感受其变化，然后再度放松，看看是否有不同的感受。

（7）你的思绪可能会开始飘散。没关系，只需简单地觉察到它们的存在，然后将注意力带回到呼吸上。

（8）花些时间检查身体的其他部位，看看是否还有其他紧张的地方，并用同样的方法放松它们。

你可以慢慢体会这些紧张和放松之间的差异，尽力找到一种让身体更放松的方法。

（9）你有能力调节自己的身体状态。认识到你有这种能力非常重要。

（10）当你完成练习时，慢慢睁开眼睛，重新感知你周围的环境，并以放松后的节奏与外界互动。

你可以随时停下来，观察身体是否积累了紧张感。在没有压力的情况下进行这个练习会更容易，不过，无论何时何地，你都可以使用这种技巧。

> 第五部分

打破童年枷锁，
重新找到育儿力

童年形成的情感防御机制，就像一堵无形的心墙，阻挡了成年后父母的前行之路。它由未解的创伤、压抑的情感以及未曾面对的痛苦堆砌而成。心墙的每一块砖，都是未被正视的情感。这堵墙一度是你在童年时保护自己的屏障，帮助你逃避了不愿面对的伤痛，但今天当你成为父母后，它却成了亲子关系的障碍，阻挡了你与孩子的深层联结。孩子的心灵是柔软的，他们渴望被看见、被理解，而你的心墙却如钢铁般坚硬，阻碍了这份情感的流动。你可能以为自己在爱孩子、陪伴孩子，但这堵无形的墙让你看不见孩子的真实情感，读不懂他们的渴望。孩子被困在墙的另一边，感受不到你的关心和爱，只剩下孤独与焦虑。打破童年枷锁是父母拆除心墙必须迈出的一步。只有放下过去的防御与伤痛，才能用一颗开放的心去理解孩子，孩子的世界才会变得敞亮。拆除心墙后，父母将重新获得育儿的能力、敏锐的觉察力、精准的响应力，以及修复亲子关系的能力，这些是建立深度亲子关系的关键。下面，我们将分别讨论这些能力。

敏锐的觉察力：
父母育儿中的高级智慧

敏锐的觉察力，是父母与孩子建立亲密关系的高级智慧。这种敏锐的觉察力不仅是察觉孩子情绪变化的能力，更是一种洞察孩子外在行为背后深层需求的方式。敏锐的觉察力是父母与孩子之间产生共鸣的能力——一种能够看见孩子内心世界，并给予他们情感回应的能力。孩子的世界是纯粹而复杂的，他们需要父母能够关注他们的想法，设身处地感受他们的情绪波动，即便有时我们无法完全理解他们正在经历的事情。

比如，当一个婴儿因为饥饿而哭泣时，他需要母亲能够敏锐地察觉到这一点，并认真对待，理解他的哭声所传达的信息。如果母亲因为刚喂过奶而忽略了婴儿的哭声，这就是觉察力的缺失。同样地，当婴儿因为孤单而哭泣，想要母亲的陪伴时，如果母亲误认为婴儿是在"耍小聪明"

而拒绝抱起他,这也是对婴儿需求的误解。我们必须明白,婴儿无法"操控"大人,他们只能用他们知道的方式来表达情感和需求。

亲子关系中的许多问题,往往源于父母未能准确解读孩子的情感需求,或者未能觉察自己内心的情绪。敏锐的觉察力不仅能让父母感知孩子的情绪,更是一种愿意放下成见、抛开固有观念的能力。如果父母缺乏这种能力,问题和冲突几乎是不可避免的。而这种敏锐性,则始于父母对自己的觉察和了解。

敏锐的觉察力并非一日之功,而是父母通过不断的自我觉察,逐步建立起来的能力。当父母不断回顾自己的童年经历,正视自己童年形成的情感防御机制时,他们就能更加清楚地理解自己在育儿中的情感反应。父母对自己情感的敏锐性,会提升他们对孩子的敏锐性。父母有敏锐性,就能够用更加柔软和开放的心去感知孩子的情感波动,回应他们的需求,真正看见那个独一无二的孩子。

> 婴儿在出生后的十八个月内,需要类似于子宫内所获得的护理。这解释了为什么他们需要更多的接触时间,并且在不被抱起或听不到、感受不到我们时就会哭泣。

什么是敏锐性?	什么不是敏锐性?
倾听而不评判	轻视行为的重要性
理解	因理解其行为的功能而进行评判
重视功能的价值	鼓励重复不恰当的行为

为了更好地理解孩子的行为，我们还需要学会以"善意的假设"去看待他们的举动。这是一种思维训练，鼓励我们在面对孩子的不当行为时，设想出最积极的解释。这种方法不仅能帮助我们更好地理解孩子行为背后的深层原因，尤其是在他们撒谎、发脾气，甚至自残时，也能让我们用更宽容的态度去回应，而不是一味地指责和惩罚。

比如面对孩子撒谎，如果有善意的假设，我们会想他们可能并不是"坏"，而是害怕受到惩罚。在孩子的视角里，谎言是一种自我保护的手段。而孩子大喊大叫，或许并非因为他们故意惹人生气，而是因为这是他们唯一能够吸引我们注意的方式。对孩子来说，情感压力往往没有其他出口，喊叫可能是他们宣泄情绪的本能反应。

大卫和亚历克斯的故事

大卫常常为 7 岁的儿子亚历克斯感到苦恼。每天早晨上学时，简单的穿衣问题总是引发父子间的争吵。亚历克斯不愿意穿父亲选的衣服，而大卫却强迫他穿，甚至因为他的不配合忍不住对他吼叫，结果亚历克斯总是哭闹。对大卫来说，穿衣服似乎是一件微不足道的事，而亚历克斯的反应让他难以理解。

但实际上，亚历克斯渴望通过选择自己的衣服来表达自我，感受一点点的自主权。尤其是最近，他与朋友们的相处出现了困难，而他的朋友们都能自己选择衣服。他希望通过这点儿小小的控制感，找回与同伴们之间的认同感。穿衣服对他来说，不只是布料的选择，更是自我表达和融入社会的一部分。

每个孩子的行为背后，都隐藏着他们内在的需求和动机。如果我们能够用善意的假设去看待孩子的行为，就能发现，这些行为并非"好"或"坏"的简单二元对立，而是他们表达内心需求的方式。这种思维方式帮助我们摆脱一味惩罚或威胁的育儿模式，转而通过理解来引导孩子改变行为。

比如，大卫若能看到亚历克斯对自我表达和自主权的需求，他的反应就不会只是强迫儿子穿上他选的衣服，而是给儿子选择的空间，并通过这种小小的自由，帮助他恢复自信和内心的平衡。

对许多父母来说，这种思维方式的转变可能需要时间和练习，但它能够为亲子关系带来深刻的改变。学会区分孩子的行为与他们背后的情感需求，我们会开始看到孩子内心的脆弱、困惑和渴望。这种新的视角，如同一扇敞开的门，不仅帮助我们更好地接纳孩子，还让我们从他们身上学习如何以更柔和的方式建立亲密的情感联结。

善意的假设不是一味宽容孩子的错误，而是一种新的视角，帮助父母从更深层次理解孩子的行为。这是一种基于敏锐性的共情能力，它不仅能让我们与孩子建立更牢固的联系，还能帮助他们更健康地表达自我，而不再用极端的方式争取关注与理解。

我们可以帮助孩子找到适合的语言，学会用词汇表达自己的情绪。要求一个刚学会说话的孩子不要哭，我们会感到挫败。相反，当我们有足够的敏锐性，意识到孩子此刻无法用语言表达自己的不适，只能通过哭泣来寻求帮助，我们就可以更好去回应他们的情感需求。孩子的感受被父母理解并接受，他们才能逐渐学会如何应对自己的情感波动，并用更成熟的方式寻求帮助。

以亚历克斯为例。亚历克斯无法明确表达为什么自己想选择穿的衣服，但他知道那是自己想要的。当父亲每天早晨强行帮他做决定时，他感到非常不满。然而，在他反抗的时候，父亲没有试图理解他的想法，而是给他贴上了"任性、麻烦"的标签。这样的指责不仅让亚历克斯感到困扰，还逐渐影响了他在其他场合中的自我认知。孩子需要被看到、被听到，而不是被忽视或误解。当孩子的情绪需求没有被父母理解时，他们会开始质疑自己，逐渐丧失表达需求的勇气和信心。给孩子贴标签、羞辱或指责孩子，甚至用心理控制的方式来对待他们，说明父母缺乏对孩子的共情和敏锐性。

亚历克斯的案例分析

亚历克斯想要表达的是："我想自己表达，想拥有自主权，不想和朋友们不同，与他们玩得不开心。"

他通过以下姿态和行为传达了自己的想法：很慢地穿衣服、哭泣、抵制父亲给他穿衣服。

亚历克斯的父亲大卫关注到的信息：孩子在抵抗自己，忽略了孩子的哭泣和挫败感的表情，甚至对这些嗤之以鼻。

大卫的阻力：对他来说，重要的是孩子遵守规矩，按照"应该"的方式去上学。大卫认为亚历克斯的行为是"任性"的。

他得出的结论是："我的孩子任性、爱哭，我必须让他改正。"

改善的地方：之前，大卫不愿意进行任何反思，只想确保孩子穿上衣服。现在，大卫愿意进行探讨和倾听。

另一种选择：采用善意假设。"如果他每天都哭泣和抵抗，一定是因为穿衣服对他来说很重要。当一个人被别人强迫做自己不想做的事情时，生气是正常的。"

特别要注意的一点是,我们过去的经历对此有很大的影响。比如,当我在童年时曾经因为打人行为受到过惩罚,在我的孩子打我时,我很难相信孩子打人是因为感到不舒服,不知道如何表达自己。然而,如果认识到自己童年的情绪反应机制,那我就能明白孩子需要我看到他的不适,并帮助他找到其他表达方式,随后我就能以完全不同的方式回应。因为如果我惩罚或指责他,只会给他最初的不适增添更多的痛苦。

提高敏锐性,用善意的假设与孩子共情,这都是建立亲密亲子关系的基础。通过练习"善意的假设",我们可以更敏锐地理解孩子的行为背后隐藏的情感需求,更耐心地回应孩子的需求。

回应力：
让孩子感到被理解和重视

提高敏锐性，理解孩子的行为只是第一步，接下来我们要做的是采取行动，回应他们的需求。"回应力"是指父母是否能够及时并恰当地回应孩子情感和需求的能力。这不仅仅是父母的一个行动步骤，更是一种能力，它直接决定了孩子能否有安全感，能否感觉到被理解。虽然我们无法每次都做到完美的回应，但有回应力是让孩子知道，他们的感受和需求是重要的，父母是可以依赖的。

当我们对孩子的需求有回应时，孩子会觉得这个世界是安全和可预测的，特别是对年幼的孩子而言，这种可预见性至关重要。比如，当一个婴儿饿了，他通过哭泣向父母表达自己的需求。父母有足够的敏锐性，可以满足他的需求，他就会停止哭泣。而如果父母误以为他是累了，哄他入睡而不是喂食，婴儿就不会停止哭泣，因为他真正的需求没有得到回应。

一个两岁的小女孩儿总是对任何事情说"不",然后笑着跑开。如果仅仅认为她是在捣乱或不听话,并对她贴上"叛逆"的标签,我们便错过了她在这个阶段的核心需求——探索世界、发展个性和建立自信。惩罚她、忽视她,或者用严厉的方式回应她,可能只会压制她的自我发展,阻碍她健康地成长。相反,如果父母可以意识到孩子这种行为背后其实是她渴望自主和探索的表达,并且能够回应这些需求,而不是简单地将这种行为视为"麻烦"时,我们就能引导孩子在健康的情感环境中成长。

还是以亚历克斯的故事为例,他的父亲大卫面临的挑战是如何在早晨处理儿子穿衣的问题。大卫需要提升自己的敏锐性,用善意的假设理解孩子的需求,同时也要提高自己的回应力。以下是一些关键点:

(1) 敏锐的观察力

大卫需要仔细观察亚历克斯的行为、语言、表情和身体语言。他是否注意到了这些细节?比如,亚历克斯抗拒穿特定衣服的原因是否与他在学校的社交压力有关?大卫需要反思,是否对孩子的这些细微变化产生了忽视或困惑。

(2) 对自身的觉察

大卫需要意识到，他过去的经历是否影响了他对现在的情境的感受和反应。比如："我感到很尴尬，因为亚历克斯穿着彩色裤子和闪片毛衣，而不是牛仔裤和T恤。"这些反应可能是他自己的情感投射，而不是亚历克斯的问题。

(3) 接纳差异

亚历克斯可能觉得选择衣服很重要，而大卫却可能认为这只是日常小事。大卫需要接纳这种差异，理解亚历克斯对这件事有自己的看法和感受。

(4) 倾听的能力

大卫应该给亚历克斯一个表达的空间，耐心倾听他的想法，并用温和的语言回应他。孩子需要感受到父母对他们内心的真实关注，而不是简单的指责或强迫。

(5) 提出可能的回应方式

允许亚历克斯自己选择衣服：给孩子一些自主权能增强他们的自信，同时减少与父母的冲突。

协商折中方案：父母可以在一定的限制范围内提供选择，比如让亚历克斯在适合场合的衣服中挑选，而这些限制可以基于父母的标准。

（6）认可和验证情感

大卫需要告诉亚历克斯，虽然他自己可能觉得"衣服就是衣服"，但他也理解这对亚历克斯来说有特殊的意义。这种认可不仅能让孩子感到被理解，还能缓解他们的情感压力。

（7）学会道歉

大卫应该为自己曾经的吼叫和强迫行为向亚历克斯道歉。父母的道歉是一种强大的修复方式，它教会孩子，错误并不可怕，重要的是如何弥补和修复关系。

（8）重视愤怒情绪并保持倾听

大卫需要尊重亚历克斯的愤怒情绪，特别是在亚历克斯感到失落或不满时，保持耐心和倾听的姿态，不急于纠正或批评。

（9）打开沟通的大门

大卫可以通过更开放的方式与亚历克斯交谈，比如："除了穿衣服，还有哪些事情让你感到不舒服呢？我们可以做些什么来让你感觉更好？"

（10）评估结果

在这些变化之后，大卫可以反思以下几个问题：

- 现在早晨的气氛是否变得更加和谐？
- 亚历克斯上学时的心情是否有所改善？
- 大卫自己是否也感到更加轻松、满足？
- 大卫是否打开了与亚历克斯讨论情感的渠道？
- 作为父亲，大卫是否感到自己有足够的支持去继续改善这种关系？

回应力不仅仅是对孩子行为的反应，更是父母对孩子情感世界的深层理解和回应。当我们愿意通过观察、倾听和理解孩子的需求，及时、有效地给予回应时，我们与孩子之间的联结会变得更加深厚和稳定。这种亲密的关系不仅能帮助孩子更好地发展自我，也能让父母在育儿的过程中找到更多的喜悦和满足。

修复力：
从伤害中建立联结

在孩子的成长过程中，父母不可避免地会无意中对孩子造成一些伤害。无论父母多么有责任感、充满爱心，甚至拥有丰富的育儿知识，也无法完全避免这些情况。当我们缺乏对孩子的敏锐觉察力或回应力，无意中说了或做了令孩子伤心的事时，亲子关系便会产生断裂。影响的严重程度取决于伤害的深浅以及发生的频率。

没有完美父母，亲子关系也不可能始终如一地无懈可击，但这并不意味着我们无法维持一个安全、可靠的亲子纽带。实际上，偶尔的断裂不仅是不可避免的，还可以成为增进感情、加深理解的契机。比如，不小心伤害了孩子后，如果我们能够诚恳道歉，解释发生了什么，并积极修复关系，孩子会感受到父母的诚实与责任感。通过这种修复过程，我们向孩子传递了一个重要信息：成年人也有局限，但愿意为自己的错误承担责任并努力改进。

我们可以和他们谈论自己的行为对他们的感受有什么影响，并重视他们的感受。换言之，我们将成为他们的榜样，他们会学到如何做人和如何在真实世界中以尊重为基础来建立关系。

但是，如果伤害——无论是有意的还是无意的——成为父母与孩子相处的常态时，就会出现严重的问题。当孩子哭泣时，我们总是大声吼叫、威胁，进行心理操控，或者完全不关心孩子发生了什么，这些都会伤害到亲子关系。只有先意识到这一点，我们才能进行修复；只有寻找到另一种理解或回应孩子的方式，才能让道歉有意义，我们才有可能建立一种让他们感到安全的关系。

> 经常有人问我这样的问题：'如果我只打了孩子一次，会对孩子造成一年的伤害吗？'所有的暴力行为都具有伤害性，并且会破坏信任，但每个孩子和每段关系都是独特的。一个孩子重新信任我们，所需要的时间是不可预测的，而这取决于我们事后的处理方式。除了对你的孩子保持敏锐、表现出信任并尊重他（她）所需要的时间，没有固定的答案，即使这可能会永远在他（她）心中埋下不信任的种子。

在亚历克斯的案例中，父亲大卫没有真正倾听孩子的需

求，而是通过大声喊叫、争执和强迫的方式来控制孩子的行为。这种方式不仅没能解决问题，反而导致了父子关系的破裂。然而，这样的伤害并非不可修复。大卫逐渐意识到自己的行为对亚历克斯造成的伤害，并承诺改变自己的方式，从中学到了如何更好地与孩子相处。

修复关系的关键在于，父母需要停止那些带来伤害的行为，重新创造一个让孩子感到安全的环境。这意味着我们要放弃暴力、强制的教育模式，停止自责，并承诺以全新的方式与孩子建立联系。虽然这个过程可能需要时间和努力，但对孩子的情感恢复和信任重建来说，它带来的好处是巨大的。

很多父母会寻求一些简单快速的解决方案来弥补自己的错误，然而，修复孩子的信任并非易事。这需要父母具备高度的自我意识、持续的承诺、耐心的倾听，以及用时间去证明自己确实在改变。父母的修复行为不仅是向孩子传达歉意，更是向他们展示，我们愿意用爱和理解去修复伤痕。

尽管如此，有些伤害可能无法完全修复，尤其是孩子在早期经历了严重的情感创伤时，这种经历可能对他们的大脑发育造成了不可逆的影响，进而影响他们的情绪健康和心理平衡。然而，在大多数情况下，修复是可能的，这要得益于孩子大脑的可塑性和情感复原能力。及时采取修复措施，通常能够帮助孩子重新建立情感平衡。

大卫的修复行动

大卫意识到自己之前的行为对亚历克斯造成了伤害，于是他采取了积极的修复措施。他向亚历克斯道歉，不再评判孩子的选择，停止用强硬的方式逼迫他穿衣服。取而代之的是，他与亚历克斯坐下来沟通，尊重孩子的感受，并承认自己在倾听和理解方面的不足。同时，大卫寻求了专业帮助，并在类似问题上做出了明显改变。

这种修复行为不仅让亚历克斯感受到了父亲的诚意，还为父子间打开了一扇新的沟通之门。修复行为不仅修补了破裂的关系，也为大卫提供了一个更加深刻理解孩子需求的机会。

心理治疗也是一种很好的修复方式。这种方式可以为家庭提供一个安全的空间，帮助他们修复过去的伤害。在这个过程中，父母可以意识到自己童年时经历的创伤如何影响了自己与孩子的关系，从而努力去修复这些情感伤口。对孩子来说，心理治疗师可以成为他们的情感翻译者，帮助他们整理内心的感受，并为家庭提供修复关系的有效方案。

无论是觉察力、回应力，还是修复力，所有这些育儿中的能力，都是建立在一个前提之上：父母打破了自己童年时形成的心墙。这些心墙会让父母变得僵化、固执，总是用固定的方式对待孩子，无法灵活地应对孩子的真实需求。当父母的心被过去的伤痛束缚时，他们无法以开放和敏锐的态度接纳孩子，只能依赖于僵硬的控制和指责，错失了与孩子建立深层次连接的机会。

然而，当父母推倒心墙后，他们的心态就变得灵活、开放，能够真正看见孩子，理解孩子的情感世界。他们不再局限于固定的应对模式，而是以敏锐的觉察力去感受孩子的需求，给予及时的回应，并在关系出现断裂时，主动进行修复。这不仅让亲子关系变得更加紧密，也为孩子的情感发展和健康成长提供了坚实的支持。

第六部分

破除常见错误观念，
找到心中的答案

走进孩子的世界,
父母不仅需要打破童年的枷锁,
还必须勇敢地破除那些根深蒂固的育儿观念。
这些观念就像一道无形的屏障,
阻碍了我们与孩子之间的真正情感联结。
常见的错误观念如"孩子还小,
什么都不懂"或者"孩子适应能力强,
偶尔打骂没关系",
这些错误观念让我们忽视了孩子的真实需求,
阻碍了我们用温柔与理解去回应他们的情感。
当我们打破这些错误观念时,
父母的视野将豁然开朗,
孩子的心声也变得清晰可见,
亲子之间的信任与亲密感由此得以加深。

错误观念之一：
"孩子还小，什么都不知道"

很多父母认为，孩子年龄小，不会记得或理解发生在他们身边的事情。然而，事实并非如此。从婴儿期开始，孩子就具备了生物感知能力，可以通过父母的情绪感知周围的氛围。他们能分辨出环境是安全的还是不安全的，是放松的还是紧张的，这种能力对他们的生存至关重要。他们可以通过父母的状态来感知环境。例如，抱着婴儿时，如果我们本身感到焦虑不安，孩子可能会因此哭泣或拒绝吃奶，直到我们将他们带到一个安静、舒适的环境，他们才会平静下来。因此，即使婴儿不会用语言表达，他们的身体也已经在记录和进行情绪反应。

当孩子成长到3岁左右，他们的语言能力逐渐发展，能够开始用语言表达想法和记忆。然而，这并不意味着3岁之前的经历不重要。每一次体验，无论是子宫中的感受还是出生后的经历，都会被身体"记住"。这些身体记忆会深深影响孩子的一生，即使它们在我们的意识中可能被忽视。

罗德里戈的故事

罗德里戈在童年时经常感到恐惧，总是担心有人会伤害他。虽然他知道这种担忧并不合理，但这种恐惧感始终存在，并影响了他成年后的生活。在一次关于儿童创伤的研讨会上，罗德里戈发现，自己的恐惧感源自婴儿时期的多次手术和治疗。这些经历通过他的身体记忆保留下来，形成了他成年后仍然无法摆脱的焦虑。

我们的身体一直都有记录感受和感知的能力。虽然成年人倾向用言语解释来了解一件事物，提供复杂的理由和详细的论述，但其实这是大脑皮层负责的任务，而这个部分直到 20 多岁才会完全发育成熟。在这之前，我们已经了解了很多事情。从身体感知开始到大脑完全发育成熟的这个阶段，对我们的成年生活至关重要。

记忆远比我们所说的要复杂得多。孩子通过各种方式表达他们的感受，如他们的反应、与他人互动的方式、与自己对话的方式、非语言沟通，甚至一些腹痛、头痛或行为问题，这些都是表达他们记忆的方式，是他们获取所经历过或正在经历的事情的另一种方式。我们的任务是帮助他们理解自己的经历，以便学会在平衡中生活，而这种生活我们可能都无法做到。

当孩子清楚地记得并告诉我们自己的感受、不喜欢的事情或最强烈的愿望时，我们还经常认为他们还是个孩子，这些事情不会对他们有太大影响，他们只要开始玩耍就会忘记，或者认为他们在夸大其词。但其实并不是这样的。孩子所经历的事情会影响并塑造他们的行为方式，就像我们成年人一样。他们玩一会儿忘了，并不意味着他们会永远忘记；有时，游戏只是他们处理情感的方式，一种自我调节或在寻找庇护所而已。

贝雅特丽斯与诺亚的故事

贝雅特丽斯分享了一个故事，她的儿子诺亚已经7岁了。在过去的7年里，每天晚上，她或她的伴侣都会陪伴他入睡。诺亚还很小的时候很怕黑，所以他们在他的房间里放了一个婴儿监视器，以便随时能听到他是否需要他们前去照顾和安抚。一天晚上，在外祖父母家度假，在把诺亚放下后，他们忘了打开监视器。几个小时后，他们突然听到儿子在房间外大声呼唤:"妈妈!"他们迅速赶过去安慰他,陪伴他,并向他道歉。4年后,他们再次在外祖父母家度假,当诺亚躺在那张床上时,他看着他们说:"这就是我之前醒来的地方,你们不在,我非常害怕。请不要再让这种情况发生,好吗?"显然,诺亚没有在4年里对他的父母心怀怨恨,但面对相同的情境,他还是回忆起了那段恐惧和不安全感,他需要确保这一次不会再经历如此困难的情况。

孩子并不是还小,什么都不知道。相反,他们从一开始就"什么都知道"。身体会记住一切,了解这一点,父母才能够更加敏锐地理解孩子的真实需求,并为他们提供情感支持。当我们不再轻视孩子的感受,亲子关系就能够在理解与信任的基础上得到真正的提升。

错误观念之二:
"孩子能适应一切"

与"孩子还小,什么都不知道"相反,很多父母有一个错误观念,那就是"孩子能适应一切"。这个观点往往忽视了让儿童适应一切的代价。实际上,许多看似"适应"的行为背后隐藏的是孩子在努力压制未被满足的需求和父母忽视的情感。

比如,1岁左右的孩子,如果总是得不到父母的关注,他(她)可能就学会哭泣时,在无人回应的情况下"安静下来",但这种表面上的适应可能会对他们的大脑发育、自我认同和对世界的信任造成长期影响。孩子早期的经历,尤其是父母对其需求的回应,会直接影响他们对人际关系的信任和对世界的感知。

对孩子来说,需求得到满足对他们的生存至关重要。认识到这一点,我们就会明白孩子为什么会不惜一切来让照顾者最大限度地满足自己的需求。孩子们可能会在1岁之前开始做出让步。在这个年龄段里，我们就能够看出区别：有些婴儿内化了表达自我并得到回应的安全感；有些婴儿学会了控制自己不愉快的情绪；还有些婴儿学会了通过强烈地表达情绪来适应他们的依赖对象（父母或其他亲密者）变化多端的行为。

如果父母没有足够的敏锐性、回应力和修复能力，孩子就会无意识地发展出一种保护性策略。这种策略会伴随他们一生，而他们自己却浑然不觉。这些策略会影响他们的行为、反应、思维、身份构建和对正在发生的事情的解释，即使这些事情与他们真实的身份和经历相悖。任何需要发展保护性策略来满足需求的孩子都会付出代价，远离真实的自我，建立一种与现实脱节的自我形象，并在需要适应不符合需求的情况下，承受持续的压力，而这可能会损害他们的身体、心理和情感健康。

有趣的是，这些无意识的策略如果不能达到其主要目标，即满足需求，就会变得越来越复杂，甚至可能导致青少年时期的有害行为，比如对疼痛麻木不仁、对疼痛感到愉悦或伤害他人。对一些孩子来说，这是他们在成长环境中找到某种平衡的唯一方法。即使是有害的行为，在一个无法满足他们需求的环境中，对他们来说也有一定的功能性。

有些人可以"应付一切"、在不顾及自己的情况下照顾所有人，或者为了避免冲突而一直保持友好，这并不是天生就有的能力，而是一种后天习得的护甲或面具。对有些人来说，这是必要的。它是一种早期形成的策略，并非经过深思熟虑的选择。然而，正如我们可以学会使用它一样，我们也可以学会摘下它。

拉蒙的故事

拉蒙前来接受治疗，是因为他的妻子坚持要求他来。拉蒙的妻子对我说，拉蒙总是说话带刺儿，对6岁的儿子丹尼恶语相加、恫吓、恐吓。当我问拉蒙有什么想法时，他说这就是自己的个性。虽然并不想让儿子难过，但这是他说话的风格，也是他声音的正常语调，并且他觉得自己没法改变。他说："在家里，我一直被视为叛逆者、暴躁者，谁都没办法跟我沟通。"原来，这些都是他从小到大听到的评价。拉蒙的母亲非常强势且爱管闲事，父亲则经常不在家。在家庭中，他唯一能够找到归属感和认同感的方式，就是扮演一个捣乱分子，即使很消极负面。捣乱分子成了他的角色定位。然而，在这个外表之下埋藏着无穷无尽的悲伤和痛苦，拉蒙感到非常无助。经过几个月的治疗、许多眼泪和不懈努力,他终于能够用一种新的方式与儿子和妻子建立联系。

作为人类,我们很脆弱,有依赖性。我们的生物学机制驱使我们不惜一切代价去获得关注和关爱,这些是我们成长发展的基本需求,即使为了得到这种关注而塑造出一个令人讨厌或被冷落的形象。从这个角度来看,"为了引起关注而这么做"就有了不同的意义。因为对人类而言,得到关注是生存的基本需求。

生存的生物学机制是用来警惕危险的。然而,我们常常把孩子的生活想得太美好,忽视了他们的脆弱性和依赖性。他们的价值、自尊和健康在很大程度上取决于我们。一个婴儿可能会把离开母亲 2 米、失去她的气味或温暖当作一种危险;一个 1 岁的孩子看到一只向他(她)跑来的狗,即使它

是友好的，也可能把它当作一种危险；对于一个 2 岁的孩子来说，感受到愤怒和伤害，可能是非常有压力的。还有很多例子，比如黑暗、离开父母去上学、打针、受到惩罚后被排斥……更别提那些家庭中存在着身体暴力、性虐待、酗酒、家庭暴力或其他任何人都会认为是危险的情况了。

  对一个孩子来说，应对生活需要比他拥有的技能更多。而当孩子发现没有人关心他（她）并给予他（她）所需的支持，发现父母和自己没有应对这些情况的能力，或者感觉压力的源头就是自己的父母时，他（她）会感到更有压力。作为敏感的生灵，我们很重要的一部分就是理解，做一个孩子并不容易，否认或轻视孩子的问题，并不能解决这些问题。

错误观念之三：
"给孩子自由就等于不干预"

如今，许多父母推崇"给孩子自由"的理念，但有时他们并没有真正理解"自由"的含义。有些父母甚至用"自由"作为回避介入的借口，尤其是在孩子需要帮助时。确实，孩子需要学习如何处理冲突和尊重他人，比如在面对打架、嘲笑等问题时，父母可以鼓励他们自己解决。然而，这并不意味着孩子总是能独自处理所有问题，特别是在涉及早期欺凌或伤害的情况。

"给孩子自由"有时会成为父母不作为的借口，导致孩子面临更严重的后果。如果父母不及时干预、引导，冲突和伤害可能会不断升级。尽管一些行为在成长过程中是正常的，比如缺乏自我调节能力或表达困惑的情绪，但这并不意味着我们可以对此置之不理。

凯尔的故事

4岁的凯尔有一对崇尚自由教育的父母,他们相信让孩子自主成长和自我调节是最好的教育方式。因此,他们让凯尔自己决定吃饭时间、食物选择、睡觉时间,甚至在情绪失控时是否需要干预。然而,凯尔在学校却遇到了问题,经常与同学发生冲突,甚至出现打人和咬人的情况。父母认为这些是孩子自我调节的一部分,不应干涉。

其实凯尔并没有学会如何自我调节,因为没有人为他设立规则或指导他正确处理冲突。事实上,这个阶段的孩子需要的是明确的界限、清晰的规则以及父母的倾听和引导。所谓的"自由"并不是放任自流,而是让孩子在有支持的环境中学会承担责任和处理问题。

一些父母还会将"界限"和"绝对服从"混为一谈,认为孩子必须无条件服从所有要求。这种教育模式可能导致专制和压制,最终削弱孩子的独立性和自主性。其实设立界限并不意味着强制服从,而是可以在尊重孩子的同时,设定清晰的规则。

马里奥和桑德拉的故事

马里奥和桑德拉有一个 6 岁的女儿索尼娅,他们根据直觉设定了一些规则,确保家庭环境的稳定,并且尽量尊重和理解女儿的感受。然而,当桑德拉的母亲来访时,却总是批评他们过于宽容,认为这种方式会让索尼娅变得任性、不听话。每次探访后,桑德拉和马里奥都感到困惑和内疚。

经过咨询后,他们意识到,设立界限并不意味着强硬,而是要找到平衡,在尊重孩子个性的同时,为她提供明确的规则和支持。通过这样的方式,父母不仅能保护孩子的成长环境,还能帮助孩子在自由与规则之间找到适当的平衡。

错误观念之四："你别抱他，会养成坏习惯"

在养育中，抱孩子这一行为对孩子的成长有着深远的影响，尤其是在婴儿期，照顾者的拥抱至关重要。然而，"你别抱他，会养成坏习惯"的观念认为抱孩子会让他们过于依赖大人，这一点常常让父母产生误解。事实上，这种说法不仅无助于孩子的成长，反而可能阻碍健康的亲密关系的建立。

婴儿不会有意识地"操纵"大人。哭泣是他们表达需求的唯一方式，说明他们需要关注、安抚和身体接触。身体接触对婴儿的大脑发育至关重要。研究表明，缺少拥抱和身体接触的婴儿，大脑中负责情感和社交发展的神经元连接会减少。如果这种缺失持续过久，可能会造成不可逆的损害。例如，一些在孤儿院长大的孩子，因缺乏足够的身体接触，往往在情感、社交和学习能力上存在明显的不足，这种情况甚至会增加他们未来罹患心理疾病的风险。

> 1945年，罗伯特·斯皮茨（Robert Spitz）提出了'医院主义'这个概念，用来描述儿童在生命第一年因远离母亲并长期住院治疗造成的心理和身体后果。仅仅满足孩子们的食物和卫生需求是不够的，他们需要得到亲密的关爱和抚触，否则他们会陷入一种昏睡和恍惚的状态，甚至可能死亡，这种状态被称为'阻抑性抑郁'。这些发现让我们彻底改变了机构中婴儿的待遇和处理儿童收养的方式。

除了神经系统的发育，拥抱和身体接触在培养孩子的同理心、解决冲突、管理情绪以及团队合作能力上也起着关键作用。孩子并不是通过父母直接教导"应该如何感受"来学习这些情感技能的，而是通过与父母的互动、观察大人如何处理情感和冲突来获得这些能力。

要让孩子学会尊重他人和管理情绪，最有效的方法是父母自己成为榜样。与其担心抱孩子会让他们过于依赖，不如通过身体接触传递安全感和信任，这样孩子才能在安心的环境中成长，逐步发展出健康的情感模式。

有些父母担心过多的拥抱会让孩子难以独立，但其实恰恰相反。正是在父母不断给予身体接触和安抚的过程中，孩子才能建立起对世界的信任感。这种信任感是孩子未来能够自信面对外界挑战的基础。相反，如果孩子从小得不到足够的身体接触和情感支持，他们会缺乏安全感，容易在未来的人际关系中表现出焦虑、依赖或情感冷漠。

同理心、情绪管理等技能的培养，不仅需要时间，还需要父母在日常生活中的引导。值得注意的是，直到 4 岁左右，孩子才开始理解自己与他人的思想和感受是不同的。在此之前，孩子的思维是"自我中心"的，他们认为自己的想法就是现实。因此，要求他们分享、道歉或调整行为，可能超出了他们的理解能力，这也是孩子在这个年龄段容易感到沮丧的原因。随着孩子逐渐成长，他们开始意识到他人的感受和需求。父母需要在这一过程中保持耐心，理解孩子的情感发展规律，陪伴他们逐步学习如何处理复杂的情感和社交挑战。

身体接触是孩子建立情感联系、培养信任感和安全感的重要方式，而这些都是孩子在情感和社交发展中不可或缺的基础。拥抱不仅不会让孩子形成"坏习惯"，反而为他们提供了安全感，帮助他们更好地适应未来的挑战。

错误观念之五：
"打一巴掌不会造成伤害"

过去常见的"打骂教育"不仅会对孩子的身体造成伤害，更会让他们的神经系统处于高度警惕状态，时刻准备防御未来的潜在危险。孩子在遭受体罚后，心中会产生一种隐形的心理阴影："如果有人曾打过我一次，他们可能还会打我。"这种所谓的"顺手一巴掌"可能在父母看来只是一种简单的惩戒方式，但对孩子来说，它会带来持久的负面影响，让他们感受到不安全感，影响他们的情感、认知和社交发展。

其实即使是轻微的打骂，也会对孩子产生深远的心理影响，类似于那些生活在贫困、父母入狱或在福利院中成长的孩子所经历的负面后果。体罚不仅无法有效改变孩子的行为，反而会让他们在面对父母时产生恐惧和防御心理，甚至会削弱他们的自信心和对他人的信任感。

孩子的行为，往往是他们内心痛苦的外在反应。童年是他们建立身体、认知、情感和社交能力的关键时期，暴力行为不仅无法帮助他们解决问题，还会使他们陷入更大的心理困境。如果我们真的关心孩子的成长与幸福，无论是偶尔的体罚还是经常性的暴力行为，都不应成为教育的一部分。只有在杜绝暴力的环境中，孩子才能真正信任我们，并在这种安全感中健康成长。

伊琳娜的故事

3岁的伊琳娜让她的老师非常担忧。每当老师试图纠正她的行为或为她设定规则时，伊琳娜都会惊恐地跑开。老师问她为什么这样时，伊琳娜小声回答说："我不想在犯错时被打，就像妈妈打我的那样。"

几天前，伊琳娜不小心将水杯打翻，把水洒在了妈妈重要的工作文件上。妈妈当时非常生气，尽管后来后悔并道了歉，但在愤怒之下，她还是把伊琳娜推倒在地，甚至打了几下。虽然这是妈妈唯一一次这么做，伊琳娜仍然感到深深的恐惧。她不仅害怕同样的事情会再次发生，还担心在学校或其他地方也会受到类似的惩罚。

伊琳娜的经历说明了体罚不仅仅是对身体的伤害，它在孩子心中留下了挥之不去的阴影，破坏了她对父母的信任，也让她在面对权威时始终感到不安。即使父母感到后悔并道歉，孩子依然可能无法忘记那次身体和心理的双重创伤，进而对未来的惩罚充满了恐惧。

孩子的信任感和安全感，只有在充满尊重和理解的环境中才能建立。任何形式的体罚，无论多么"轻微"，都会对孩子的心理产生持久影响。我们应该通过尊重和耐心来回应孩子的行为，而不是通过打骂来解决问题。这样，我们才能成为孩子真正的支持者，帮助他们健康成长。

以下是打骂后儿童身上会出现的状态：

- 易怒。
- 过度愤怒。
- 频繁哭泣。
- 腹痛。
- 头痛。
- 学习延迟。
- 学业成绩下降。
- 持续消极思维。

- 情绪爆发。
- 强迫行为。
- 夜尿症。
- 做噩梦。
- 入睡困难。
- 停不下来。
- 注意力难以集中。
- 孤立感。
- 社交恐惧。
- 对外界畏惧。
- 绝望感。
- 抑郁。
- 暴力行为。
- 肌肉紧张。
- 疑病症。
- 吮吸手指。
- 拔头发或掐自己。
- 表现得好像什么事都没发生过。

错误观念之六：
"听话，才是好孩子"

长期以来，许多家长将"听话"视为好孩子的标准，认为孩子顺从才是心理健康的表现。然而，听话并不是衡量孩子健康发展的最佳标准。如果父母通过压力或惩罚让孩子顺从，虽然短期内可以看到效果，但长期来看，这种方式只会对孩子造成内在的伤害，甚至破坏他们的自尊和安全感。通过恐惧让孩子服从，并不能真正帮助他们学习如何应对世界的复杂性。

"好孩子"或"坏孩子"的划分，往往与服从性密切相关，但这种划分是片面的。听到"好孩子"这个词时，我们通常会联想到一个听话、友善、合作、学习优秀、负责任的形象。相反，"坏孩子"则被认为是那些有冲突、不服从、打人或大声喊叫的孩子。尽管许多父母、祖父母、教师和其他成年人仍然向孩子灌输做"好孩子"才是正确的，做"坏孩子"就是错误的观念,甚至一些心理学技巧,如"暂时离开",也被推崇为让孩子按照我们的期望行事的方法,而这些方法往往忽略了是否真的对孩子有益。

事实上,并没有真正意义上的"好孩子"和"坏孩子",这些标签只是成年人根据自己的喜好和舒适度来给孩子贴上的。跟一个听话的孩子相处显然比跟一个因感觉被冷落或无视而生气的孩子相处要容易得多。一个总是按指示行动的孩子比一个有自己的兴趣爱好而不想迎合我们要求的孩子要容易照看。一个能安静地坐两个小时画画的孩子比一个喜欢爬来爬去、探索新事物并把抽屉里的东西都翻出来的孩子看起来要好带得多。然而,对成年人来说的"容易"并不意味着对孩子是有利的。为了讨好我们而压抑自己的情绪、放弃自己的兴趣、保持安静,并不是对孩子有利的选择。因此,我们需要重新审视对"好孩子"和"坏孩子"的定义,深入思考,质疑我们所接受过的观念,并意识到,一个看似乖巧的孩子并不一定在心理、情感或身体健康方面更优秀,而一个表现不佳的孩子也并不一定在这些方面更糟糕。我们应摒弃这些过时的标签,这些标签在社会中存在了很久,但它们并不能帮助我们理解和关心孩子的真实需求,反而可能阻碍我们对孩子的理解和照顾。

孩子的每一种行为都是一种沟通方式,他们通过行为传达了对自己、他人或世界的感受。这些行为反映了他们的神经系统和需求。如果我们仅仅根据社会或个人先入为主的观念来判断孩子的行为是否适当，就会错过其中所蕴含的沟通质量以及与孩子们重新审视自我、帮助他们建立联系的机会。孩子的每一个行为都有其合理性，我们需要深入理解其用意。

因此，我们不应该将孩子贴上"好孩子"或"坏孩子"的标签，而是要区分哪些是能够表达自己需求的孩子和哪些是无法表达自己需求的孩子，区分哪些是在环境中感到安全或不安全的孩子。我们需要关注他们的神经系统，因为这是对他们发展至关重要的因素。孩子的行为是了解他们内心世界的窗口，这是一个细微而复杂、珍贵而独特的世界，需要我们的支持来进行管理。一旦我们理解了这一点，就会明白在传统标签下的"坏孩子"行为可能在孩子身上是完全正常和健康的。例如，大声喊叫、打人、生气、踢腿、不服从等行为，可能只是孩子在未发展出共情能力、耐心、反思能力或我们能够理解的情绪词汇之前，无法以更成熟的方式处理情绪和冲突的表现。我们的责任是以无偏见的态度，跟随孩子的节奏，陪伴他们学习和成长。

曼努的故事

4岁的曼努最近开始在公园里打其他孩子。虽然在他的父母看来，他是一个很温和的孩子，但对他的打人行为仍感到很担忧。他们反复教育曼努不要打人，但他似乎并不在意。曼努的父母，尤其是他的母亲，非常担心这些冲突会导致他失去朋友，这让她回忆起自己在学校的痛苦经历，并对孩子产生排斥感。

了解他的经历，并将其与孩子的经历分开，才能更好地理解曼努的行为。他不是不温和，而是正在经历社交发展的过程，这意味着会出现更多的冲突，会遇到更多难以应对的情绪。曼努的神经系统正在正常运作，寻求保护自己不受威胁的方法，而目前他选择的方式是打人。其实，只要曼努的父母换个角度来看这个问题，他们就能意识到在公园里，所有孩子都会表现出这种行为，然后找到一种方式来陪伴他，帮助他找到调节愤怒，同时不伤害他人的方法。这些技能需要多年时间才能培养，孩子无法独自学会。

另一方面，表现良好并不意味着孩子内心没有发生什么不愉快的事情。很多时候，服从、有礼貌和平静只不过是压抑冲动、情绪或欲望的表现，是为了得到我们这些照顾者认可和接纳的反映。我们要记住，孩子从婴儿时期开始就会通过生存的生物系统，找到最好的方式来获得赞赏、被接纳和被看见。

卡罗琳娜的故事

7岁的卡罗琳娜被选为班级代表,她的责任心、服从性和乐于助人得到了老师们的赞扬。作为代表,她负责在老师不在时照顾整个小组,给同学们分配组织任务。从小在家中,卡罗琳娜也是如此:友善、听话、负责。她从不会有任务未完成或者照顾不到的人。她是家中的大姐,自发地照顾着弟弟妹妹,她是父母的骄傲。他们向所有朋友表达了对她的自豪之情。然而,在11岁时,卡罗琳娜在休息时间大喊并打了一个同学,令人惊讶的是,她后来却不记得这件事。她为自己的恶行感到非常内疚,并且害怕在不知不觉中再次伤害到别人。

卡罗琳娜的家庭其实存在着很多暴力:她的父亲经常殴打她的母亲,并且每当兄弟姐妹做出父亲不喜欢的事情时,他就会威胁他们。而她则是通过表现良好来逃避父亲的暴力,但她感到非常害怕、愤怒和无助,这种矛盾的心理是她在课堂上那次爆发的导火索。表面上这是一种"坏行为",但实际上是一种求救的方式,她的身体正在通过这种方式表达和释放多年来积累的巨大压力。

因此,要让一个表现不好的孩子感到安全,我们不能因为他们不会表达自己的情感,不会处理冲动就惩罚他们。我们要对他们的不适表示理解,以友善的方式设定界限并帮助他们进行自我调节。同样,一个表现良好的孩子,实际上可能是因为不信任周围环境而压抑了自己的情感和冲动。

我们要摒弃"好孩子"和"坏孩子"的标签,将精力集中在与他们建立关系上,深入了解他们的内心世界。我们要学会接受所有的孩子都是善良的,而所谓的"不好的行为"只是我们自身的局限、偏见、经历以及需要重新审视环境的反映。我们要耐心地教导孩子生活技能,用无条件的爱和支持来帮助他们处理情感,并理解我们有 18 年的时间来培养他们。最重要的是接纳孩子、关爱他们,并帮助他们学会如何处理情感。

错误观念之七：
我比你更难受

受害者、拯救者和迫害者是家庭关系中一种常见的深层循环模式。有受害者情结的父母总是在伤害孩子之后开始讲述并无意识地放大自己的痛苦——"孩子，打在你身，伤在我心""我比你更痛苦""我也不想这样，但这是为了你好"等说辞不仅无法抚慰孩子，反而会让他们更加困惑，甚至感到内疚和自责。

人类是所有哺乳动物中成长最慢的物种之一，婴儿出生时的神经系统非常不成熟，孩子的大脑在出生后需要20多年才能完全发育。在他们的早年，尤其是6岁之前，情感联系对于大脑的健康发育至关重要。孩子的大脑只有在与照顾者的互动中，才能逐步学习如何调节情绪、理解他人和自我表达。因此，父母提供的稳定、安全的关系是孩子大脑和情感发育的基石。

父母情绪的波动、过度的自我伤害表现，常常会对孩子造成负面的心理负担。当父母对孩子说"打在你身，痛在我心"时，他们其实把自己的情感问题转嫁给了孩子。这不仅让孩子无法处理自己的感受，还让他们不得不背负父母的痛苦，甚至感到自己要为父母的情绪负责。这种负担对孩子的成长毫无益处，反而会让他们长期处于一种内在的冲突和压力之中。

孩子的大脑在情感健康的互动中才能发育良好，他们需要的是父母的稳定支持和情感上的理解，而不是父母的情感负担。如果父母不能控制自己的情绪，将痛苦转移到孩子身上，那么孩子不仅得不到所需的支持，还会因为这种负担而更加焦虑。情感健康的孩子有可能拥有自尊和良好的自我调节能力，他们能够从容应对生活中的挑战，也更容易与他人建立健康的关系。

孩子不应该成为父母的情感依赖对象。如果父母希望真正解决自己的痛苦，应该在适当的环境中寻求帮助，比如通过心理咨询或自我反思，而不是让孩子承担这些情感压力。孩子的角色应是被爱、被保护的，他们的成长需要父母提供安全感，而不是让他们成为父母的情感疗伤工具。

健康的教育方式是帮助孩子发展自尊、自信和情感调节能力，而不是通过"我比你更难受"这样的说法来加重孩子的心理负担。孩子需要的是理解、支持和引导，而不是额外的压力和责任。

练习3：我和我的孩子

为了更好地理解并运用本书的这一部分，建议你先花时间做下面的练习。这些练习与你的童年和现在的生活经历密切相关，十分重要。你可能会在做这些练习时有新的发现，记得随时将它们记录下来。

父母常常急于解决孩子的问题，直接跳到"我应该怎么做"这一步，而忽略了前期的反思。但事实上，这种方式通常效果不佳。如果我们仔细观察自己，会发现我们先要面对自己的困难、限制和内心的抵抗，这些会阻碍我们用持续、有效的方式回应孩子的需求。

第一步：了解我们对孩子行为的反应

在这一部分，我们将深入探索自己对孩子行为的反应，并尝试理解这些反应背后的原因。这样，我们可以减少那种因失败而产生的强烈内疚感。同时，理解问题的根源和实际情况，有助于我们找到更好的方式承担责任，化解冲突，并找到适合我们与孩子关系的解决方案。

有时，父母会发现自己对孩子的反应和自己的童年经历有相似之处，而有时也可能发现自己走向了相反的极端——我们会刻意避免像父母那样对待孩子。但实际上，无论是相似还是极端反差，我们都是在关注过去，而不是孩子当下的需求。

如果你有多个孩子，你会发现每个孩子都是在我们人生的不同阶段来到我们身边的，他们可能触发了我们不同的情感，因此我们对每个孩子的反应方式也可能不同。随着新生命的到来，家庭的氛围也会发生变化。记住，作为父母，我们并非对每个孩子都是"相同的父母"。

请分别针对每个孩子回答以下问题：

- 你在这种情况下的感受是什么？
- 你做了什么？
- 你说了什么？
- 你的想法是什么？
- 你觉得你的孩子当时的感受是什么？
- 他／她说了什么？
- 他／她做了什么？
- 如果他／她能清楚表达自己的想法，他／她对你们的关系会怎么想？

接下来，让我们开始思考：

- 当你的孩子受伤时，会发生什么？请回忆并描述一次具体的情况。
- 当他（她）感到害怕时，会发生什么？你能描述最近发生的一件事吗？
- 当他（她）忍不住哭泣时，会发生什么？你能描述一个令你印象深刻的例子吗？
- 当他（她）发脾气时，你是如何处理的？请回忆并描述一次经历。
- 当他（她）完成了一件事，你是如何回应的？有具体的例子吗？
- 当他（她）遇到挫折时，你是如何反应的？
- 当你们短暂分开后，你的反应是什么？请描述一个最近的例子。
- 你平时是如何向孩子表达爱意的？
- 你又是如何接受孩子对你的爱意的？
- 你们之间的冲突是如何解决的？请描述一次经历。

在回答这些问题时，有没有什么让你感到惊讶或不安的？请检查一下，你是更多关注了孩子的感受还是自己的感受。有时，我们的言行可能会不一致，比如说了"你可以告诉我你的感受"，但孩子不愿配合时，又可能对他/她大喊。请思考一下，自己的行为中是否有隐含的"暴力"，以及是什么情绪或困难促使你做出这些反应。

第二步：我给孩子贴了哪些标签？

你有没有不自觉地给孩子贴上某些标签？就像我们自己身上常常背负着标签一样，很多时候，我们可能并没有意识到自己给孩子也贴上了标签，而这些标签可能会影响他们，甚至让他们不知道该如何摆脱它们。

在发现自己是否贴过标签之前，先花点儿时间想想你是如何定义你的孩子的。接下来几天，留心一下自己跟孩子说话时，或者跟别人谈论孩子时，用了哪些词语。你是否说过"他是个好孩子""他很淘气""他不听话""他很聪明""他脾气很大"这些话？你是在什么情况下这样说的？即使没说出口，你是否潜意识里也这样看待他（她）？这些标签是不是和别人曾经给你贴的标签类似呢？

我们都知道，标签通常是不好的。那么，如何摆脱它们呢？一个方法就是，像之前的练习一样，只描述事实，不带任何评价。这样做不仅可以帮助我们了解自己在想什么，也能让我们更好地理解孩子的感受。如果我们留意自己用标签的方式，帮助孩子用更多的词汇描述他们的经历，他们不仅会更清楚自己的感受，还会感受到更多的理解和信任。

比如，有个场景：孩子画的一幅画被撕破了，他很伤心，哭了起来。我们可能觉得这没什么大不了的，于是说："你太小题大做了。"事实上，无论孩子是因为哭而觉得自己可笑，还是因为有机会表达不满而感到释怀，哭泣终究会停止。不过，我们是给孩子贴上"爱哭"或"可笑"的标签，还是选择理解他"画被撕破了真让人难过"，这会决定我们是给孩子带来了伤害，还是避免了伤害。

在现实生活中，即使我们努力避免使用标签，有时也难免会不小心说出口。毕竟，我们生活在一个充满标签的环境里，孩子们也会从别人那里听到这些标签，甚至会重复它们。因此，我们可以花点儿时间跟孩子解释一些标签的含义，并告诉他们为什么人们会使用这些标签。这样可以帮助孩子减轻因标签带来的压力、内疚或羞耻感。

举个例子，当孩子对我们说"老师说我是个淘气鬼，因为我把一张纸撕成了碎片"，我们可以这样回应："有时候，大人们在忙不过来时会这样说。这其实是他们觉得你的行为在那个时候不合适，并希望你能安静一点儿。"此外，我们还可以给标签赋予新的意义,帮助孩子看到自己更积极的一面,从而帮助孩子验证自己的内在体验,让他们对自己有一个更积极的形象。

比如:

- "勇敢"不仅仅是指做不害怕的事,还包括敢于说出自己害怕什么。
- "胆小"有时反而意味着懂得保护自己,尊重自己的节奏。
- "聪明"不只是懂得很多东西,而是敢于承认自己不懂的地方。
- "自信"不仅是相信自己,还包括敢于表达自己的真实感受,不管是快乐、害怕还是悲伤。
- "坏蛋"有时意味着心情不好,暂时找不到合适的方法表达它。
- "冷漠"可能意味着懂得照顾自己,不勉强自己做不喜欢的事。

你会如何重新定义你给孩子贴的标签呢?

标签	对你来说，他描述的是	功能
可笑	为了一件我觉得无关紧要的事情而哭泣。	羞辱他，让他不要为了这种事情而哭泣。
勇敢	无所畏惧地行动，或者忘记自己的恐惧。	否认一种我们感到不安或者不知道如何作为父母处理的感受。

第三步：我拒绝了孩子的哪些特质？

接下来，让我们反思一下自己对孩子的哪些特质感到抵触。如果你认真思考这些"标签"，你可能会发现一些线索，帮助你明白：孩子的哪些特质让你难以忍受，哪些特质让你迫不及待地想要改变，或者哪些特质让你想逃避、不敢面对。

我们可以从以下几个方面入手，看看你对孩子的哪些特质是接受的，哪些是拒绝的：

	接受	拒绝
他的悲伤		
他的快乐		
他的愤怒		

续表

	接受	拒绝
他的恐惧		
他的行为方式		
他的思维方式		
他的外貌		
他的兴趣		
他的成就		
他的成长		
他的性取向		
他的依赖		

思考一下：

- 我是否能够接受孩子身上有我自己不能接受的特质？
- 什么事情最容易让我生气、感到烦恼或无力？这些感受和我自己有怎样的联系？
- 我是否愿意承认并接纳自己内心这些不愿面对的部分，避免将这种拒绝投射到孩子身上？

通过这些问题，你可以开始更深入地了解自己和孩子的关系。当我们能更好地接纳自己时，也能更包容和理解孩子，让他们感受到真正的接纳和爱。

第四步：处理兄弟姐妹之间的关系

每个孩子都是独特的，他们会让我们产生不同的情感反应。在你完成了之前对每个孩子的思考后，试着诚实地回答以下问题：

- 我是否偏爱某个孩子？为什么？
- 我更喜欢其中一个孩子的原因是什么？这背后有更深的原因吗？
- 对于每个孩子，有哪些事情让我觉得更容易，哪些事情让我觉得更困难？
- 我是否会通过比较，让其他孩子感到不舒服？
- 当孩子们发生冲突时，我会偏向某一个人吗？
- 我的孩子是否让我联想到家庭中的其他人？这会影响我对他们的态度吗？

在回答完这些问题后，我们可以进行以下的放松练习，帮助你进一步理解自己和孩子的关系：

（1）找个舒适的地方坐下，让身体感到放松和支撑。

（2）注意你的呼吸。感受你的呼吸节奏——是快还是慢？是浅还是深？你的呼吸可以反映你当前的情绪状态。

（3）试着进行几次深呼吸，看看这会带来什么样的变化。

（4）当你准备好了，回忆一次和孩子的争吵。把这个场景慢慢回放，留意你和孩子的表情、眼神和身体的紧张感。你什么时候开始感到紧张？这种紧张感在身体的哪个部位？

（5）感受这种紧张，同时继续深呼吸，试着让自己放松。

（6）想象一个安全的地方，把你的情绪、担忧或痛苦暂时"存放"在那里，留待之后处理。

（7）再次回到争吵的场景中，看看你的孩子。此刻，他们是什么样子？他们内心可能在想什么？他们想要表达什么？

（8）想象你与他们平等沟通，不再受紧张感的阻碍。你现在会对他们说些什么？你会怎么做？

（9）给自己一些时间，去体会这种新的沟通方式，看看你是否能够更好地理解并接纳孩子。

（10）如果你觉得有必要，可以和孩子进行一次沟通，表达你的歉意，并说出你觉得他们想听到的话。记住，修复关系永远不会太晚。

通过这些练习，你可以逐渐学会在面对孩子时，减少内心的紧张感，更加平和地与他们相处和沟通。孩子们需要的，往往是我们发自内心的理解和接纳。

> 第七部分

重建亲子桥梁：
倾听与界限的终极力量

回到童年,
重新进入孩子的世界,
我们不仅看见了曾经的自己,
也看见了眼前的孩子。
这其中有两个关键工具可以让我们更深入地理解这一点:
倾听和界限。
通过这两个工具,
我们不仅能与孩子建立更加亲密的互动关系,
也能帮助我们与"内在的孩子"互动,
处理曾经未解的情感,
在成年生活中与自己建立更健康的关系。

倾听：
连接孩子心灵的桥梁

倾听是与孩子建立联系最强大、最有效的工具之一。通过真正的倾听，我们可以用初心去靠近孩子，不带评判地去听他们真正想表达的情感。无论这些情感是通过言语，还是通过其他未能明确表达的方式，倾听都为我们搭建了一座洞悉孩子内心的桥梁。

倾听并不是一种被动行为，它不仅仅是等待孩子的回应。倾听是一个积极的过程，需要我们全身心地投入，带着兴趣和同理心去感受孩子的情绪和内心。通过倾听，我们不是试图让孩子觉得他们的情感无关紧要，也不是试图用理性化的解释或快速的解决方法来压制他们的困扰。真正的倾听是接纳、是理解，是允许孩子在一个安全的环境中表达自己，释放内心的情感。

第七部分
重建亲子桥梁：倾听与界限的终极力量

许多父母担心过度倾听会让孩子陷入更多的负面情绪，甚至让他们的行为变得难以控制。但实际上，情感被接纳和得到释放，恰恰是化解情绪的唯一途径。我们越允许孩子表达他们的情绪，那些真正具有破坏性的行为往往消退得越快，有时效果甚至是立竿见影的。

想象一下第一天上学的孩子，他很紧张，早上起来开始觉得胃里打结，但他还不能完全理解这是一种不安的感觉。这时你可能会对他说："别担心，学校很有趣，你会过得很开心的。"这句理性化的解释听起来没有错，但它忽略了孩子当下的情绪状态。结果，孩子依然在上学后孤独地面对这种强烈的不安感，而且自己还无法消化。

如果我们换一种方式，这样跟孩子说："紧张是正常的，毕竟今天是第一天，教室、老师、同学都不熟悉。你胃里的那个结是在提醒你紧张呢！如果你愿意，我们可以告诉老师你有点儿紧张。有什么问题还想问我吗？我可以帮你解释一下今天的学校活动安排。午饭后我会来接你，我们可以聊聊今天过得怎么样。"

在第一种情况下，你只是告诉孩子应该感到开心，而忽略了他的恐惧。而在第二种情况下，你不仅承认了他的感受，还帮助他理解并接纳这些情绪。你不仅让他感受到被理解的温暖，还拉近了与他的距离。在这个过程中，孩子学会了正面认识和应对自己的情绪，而不是忽视它们。

第一种方式关注的是我们希望孩子感受到的，第二种方式关注的则是孩子当下的真实感受。第一种倾向于说服，第二种则是陪伴。第一种方式无意中给孩子施加了压力，而第二种方式则给予了他们安慰与支持。

这就是倾听的力量。通过倾听，而不是急于给意见，我们便能够进入孩子的内心世界，理解他们的情感，与他们建立深厚的联结。这种联结不仅能帮助我们更好地理解孩子，也让我们在这个过程中可以重新感受情绪，治愈那些未曾解决的内心创伤。倾听还能帮助你为过去的失误道歉，修复你们的关系。无论什么时候，修复永远不嫌太迟。真正的倾听是爱的体现，它让我们与孩子、与自己都能走得更近。

在倾听孩子时，我们可以采用以下方法：

(1) 做一个"反射镜"

成为孩子的"反射镜"，意味着我们通过复述或总结孩子的语言，反映出他们的感受和情绪。反射不是为了给出意见或判断，而是帮助孩子更好地理解自己正在经历的情感状态。例如，当孩子紧张时，我们可以说："我注意到你捂紧了肚子。""看起来你对去学校有些抵触。""是不是因为害怕看不到妈妈？"

反射镜式的倾听可以帮助孩子感受到被理解，而孩子也有机会通过我们的反馈进一步表达或调整他们的情绪。这样的交流会让孩子觉得自己被关注，自己的感受得到了认可。

（2）**接受和认可**

孩子的每一种情感，无论是恐惧、嫉妒、愤怒还是期待，都是正常且自然的。父母需要给孩子创造一个情感安全的氛围，让他们能够自由地体验这些情绪，而不是被压制或忽视。在感受被接纳的过程中，孩子会学到如何更健康地处理这些内心的波动。比如，当孩子嫉妒弟弟妹妹时，我们不应该告诉他们"你不应该嫉妒"，而是可以说："我知道有时候有个小弟弟会让你觉得很烦，这种感觉很正常。"

（3）**给予调整的空间**

当我们成为孩子的"反射镜"，并给予他们感受和表达的自由时，孩子往往会通过我们的反射做自我调整。这时，孩子的情绪可能会从一种状态转变为另一种状态。这时我们通过描述这些转变，帮助孩子认识到情绪的变化，结果就是即使问题还没得到解决，情绪可能就已经缓和了。

想象以下对话如何继续：

母亲:"我注意到你捂紧了肚子,是因为疼吗?"

女儿:"是的!好像缩成一团了!"

母亲:"哦……它缩成一团了……"

女儿:"我明天不想去上学!"

母亲:"你的肚子在告诉你明天不想去上学……你一定很紧张……"

女儿:"不光是紧张,还有就是不想去!"

母亲:"你不想去!所以你生气的原因是……"

女儿:"你不会在那里!"

母亲:"哦……你生气是因为妈妈不会在那里?是的,我们整个夏天都在一起,几个小时不见面确实会让人不习惯。"

女儿开始哭泣。"我想和你在一起……"

母亲抱起女儿。

女儿:"要是你忘记来接我怎么办?"

母亲:"你是在担心这个吗?如果要是我,想着第一天上学没有人来接我,我也会非常害怕!但妈妈保证会在中午去接你。我会准时站在门口。我们一起走到学校,我给你指一下我会在哪里等你,好吗?"

女儿点了点头。

女儿:"那我怎么知道你不会忘记?哦……我知

道了！你可以用手机提醒自己！"

母亲："太棒了！我会在手机上设置一个闹钟。你能帮我吗？"

在以上对话中，母亲并没有提出过多意见，而只是通过反射镜的方式不断接纳和认可孩子的情绪，给予孩子调整的时间，孩子就从开始的紧张和不安自动转变为信任和接受。这种变化就是倾听和理解的力量。

(4) **恰当地提问**

虽然有人认为倾听时不该提问，但实际上，恰当的提示性问题可以帮助孩子更好地表达自己。只要问题是出于好奇心，并且不会打断孩子的思路，那么提问是有助于沟通的。例如："你还想和我分享其他感受吗？"或"你觉得是什么让你更紧张？"

(5) **提供描述性解释**

我们也可以用描述性的方式来跟孩子解释发生的事情，而不是直接告诉孩子该怎么想或怎么做。描述性的解释让孩子有机会根据自己的体验做出决定，而不是根据父母的期望行事。

阿贝尔的故事

5岁的阿贝尔刚刚有了一个小弟弟。阿贝尔的父母说他总是嫉妒弟弟，所以他们试图让他觉得有一个弟弟也没什么不好，还提醒他以前多么希望有个小弟弟。然而，阿贝尔听到父母说这些话时，却表现得更加愤怒和嫉妒："我不想要他！"他大声抗议。在反思了自己的倾听方式后，阿贝尔的父母决定换一种策略，用另一种方式与阿贝尔沟通。不久之后，阿贝尔的母亲跟我分享了一次与阿贝尔的对话，内容如下：

母亲用验证和反射镜的方法跟阿贝尔说："和一个你不想要的人住在一起一定很难受，"她用描述性的解释说，"有时候，有个小弟弟确实很麻烦。"

"对！我受够了！他总是搞破坏！有时候我真的讨厌他！"

"嗯，我明白……有时候你真的讨厌他，并且觉得他总是搞破坏……"母亲再次用反射镜回应。

"对，有时候我真的讨厌他！但有时候我也很喜欢他！"阿贝尔开始表达自己内心的复杂感受。

"有时候你讨厌他，有时候很喜欢他，听起来很矛盾……"这句话是对孩子说的话和可能感受到的情绪进行反射。

"是呀……其实,我喜欢他,但是我想跟你多一点儿单独相处的时间……"

"哦,原来你是这样想的?你觉得跟你多一点儿单独陪伴的时间会让你感觉好一些吗?"母亲问道。

"是呀,你总是跟他在一起。"阿贝尔低着头说。

"哦,你说这些话时听起来很伤心。我能理解。你觉得我总是跟他在一起,但婴儿确实需要很多照顾,所以我要花很多时间在他身上。"母亲用描述性的解释说。"但我以后早上专门留出来只属于我们两个人的时间怎么样?在这个时间,你想做什么?"母亲问道。

"好哇!"

这种描述性解释不仅帮助阿贝尔更好地表达和梳理了情感,也让他感到父母理解了他的需求。

一些练习倾听的其他途径包括:

• 俯下身子:与孩子保持同样的高度。这个动作可以让孩子感受到平等和安全。

• 保持眼神交流:如果孩子感到安全,他们会回应你的目光，这种交流也很有助于建立信任。但如果孩子回避你的眼神，意味着他们可能需要更多的空间，我们不要强迫。

• 调整我们的行为：根据孩子的需求，有时身体接触（比如拥抱）是必要的，但有时可能需要保持适当的距离。

• 照顾好自己：倾听的前提是我们自己内心要足够安定和专注。如果你感到焦虑或烦躁，先深呼吸或休息一下。

请你写下记忆里你的孩子比较糟糕的三次经历。如果用我刚说的办法去倾听，会是怎样的情形呢？

倾听不仅是一种沟通技巧，更是一种与孩子建立亲近关系的态度。通过倾听，我们帮助孩子理解自己，感受到被接纳，并在这个过程中实现成长。而我们自己，也会在这个过程中变得更加平和和成熟。

界限：
如何在不使用暴力的情况下教育孩子

大多数父母其实并不愿意在教育孩子的过程中出现类似尖叫、惩罚、威胁、贴标签或体罚等行为。如果我们可以找到一种替代方式来教育孩子，就可以很好地避免这些行为。合理使用界限被验证为实现这一点的有效方式。界限就像一条象征性的线，它由父母设定，提醒并帮助孩子内化规则，其目的是保护他们的安全和身心健康。

界限是一种保护孩子的方式，帮助他们在安全的范围内自由探索和成长。很多时候，界限不仅是通过言语设定的，行动本身也可以设定界限。比如，封住插座、将刀子放在孩子够不到的地方、红灯时牵住孩子的手，防止他们冲出马路，这些都是界限。它们是父母在保护孩子时设定的安全措施。例如，2岁的孩子在危险的地方玩耍，我们可以轻轻地抱他（她）下来，同时解释那里的危险。这样的界限行为不仅能有效保护孩子，还能帮助孩子理解哪些行为会带来伤害。

　　确保孩子能够理解并内化界限，我们需要时间和耐心。父母可以试着列一个清单，找出生活中哪些界限是必要的，并确保每一个界限的设立都是为了保护和照顾孩子。然后，我们就可以用温暖和坚定的态度帮助孩子理解和执行这些界限。当孩子越过了界限时（他们一定会有这种情况），我们需要耐心地解释为什么要设置这些界限，让他们感到自己是受保护的，而不是感到被限制或被惩罚。在这个过程中，父母不只是在设立规则，而是在帮助孩子找到应对困难和挫折的方法，并让他们逐渐学会独立应对这些界限。

　　常见的界限提示：

　　• 安全界限。不触碰插座、不在马路上奔跑、避免站在危险的高处，这些都是为孩子的生命安全设立的界限。

　　• 行为界限。不打人、不伤害他人，这也是保护的一种界限。我们希望孩子学会与他人和平相处，而不是使用暴力。然而，要实现这个目标，需要长期的引导和耐心。即便父母一直是情绪调节和支持的好榜样，孩子在 6 岁之前仍然难以能够完全自我调节情绪，偶尔会有打人的情况。但，这是正常的成长过程，而不是用暴力来制止暴力。

- 自我保护界限。这是孩子自己设定的界限，比如不让陌生人亲近、不想分享等。我们有责任标明、尊重和维护他们自己的界限，以便他们能符合自己的需求，更好地保护自己。我们必须留意他们在身体饥饿和饱腹感、睡眠和清醒的节奏方面发出的拒绝信号。教导他们如何照顾自己意味着倾听他们，给予他们价值，尊重他们，向他们提问并保护他们。

比如，一个2岁的孩子到亲戚家做客，不想被亲吻时，我们要尊重他（她）的界限。告诉孩子，他（她）有权拒绝别人的亲吻，这可以帮助他（她）建立对身体的自主权和自我保护意识。当然，这并不意味着孩子可以拒绝所有事情，比如必要的卫生习惯或医疗照顾（如服药或接种疫苗），但在大多数情况下，我们应该尊重他们的感受。

- 尊重社会的界限。此外，孩子每天都要面对生活中别人的界限，比如父母的工作时间、上学时间、完成家庭作业、老师的要求、冰箱里的食物有效期等。这些界限有时让孩子感到不满，但它们也是生活的一部分。当我们理解了孩子每天所经历的挑战时，就会更有同理心，也能更好地支持他们应对生活中的这些界限。

父母的角色并不是通过制造挫折来让孩子变得更坚强，而是帮助他们学会如何应对生活中的限制。通过合理的界限，我们教会孩子如何保护自己、照顾自己，并逐渐适应和理解生活中的种种限制。

当孩子能够内化这些界限并理解它们的重要性时，他们就会学会尊重他人的界限。这不仅会改善他们与父母的关系，还会提升他们与朋友、同事、伴侣等人的终身关系。界限帮助他们建立健康的人际互动，懂得如何在关系中维护自己和他人的需求。

设立界限是父母教育孩子过程中不可或缺的一部分。通过温柔、坚定和耐心的方式，我们不仅帮助孩子安全地成长，还让他们逐渐学会如何尊重和适应生活中的界限。设立界限是为了保护，而不是惩罚。最终，这些界限将成为他们生活中的指南，帮助他们建立健康的人际关系和自我保护机制。

练习

根据刚才的描述，列出家庭中可以设定的界限清单：

- 家中有哪些限制可以保护你的孩子免受危险？
- 在家中设置哪些尊重孩子自我保护的界限？
- 你可以花时间写下那些孩子必须容忍的日常生活界限（他们没有选择但仍然要遵守的界限）。

结束语

《小王子》里说:"每个大人都曾是个孩子,虽然只有少数人记得。"很多人对这句话的理解是随着年龄增长,在柴米油盐中,我们逐渐丢失了童真。但其实这句话还有更深层次的意思,这句话说的是,我们常常忘记了,我们很多不尽如人意的表现,其实是因为内心的小孩儿曾经受过创伤,而不是我们性格或者能力上的缺失。那个受伤了的小孩儿会一直在,他们不会随着我们的成长轻易消失,而是会在我们的心里,一直伴随着我们,也影响着我们。

回到童年,去拥抱那个受伤的小孩儿,我们才能真正成长。我们才能站在一个新的起点,以全新的视角去看待自己和孩子的关系,重新体会被爱和被尊重的感觉,去给予我们的孩子那些我们曾经没有得到的东西。

这一切不仅仅是为了我们的孩子,也是为了那个曾经的自己——通过这个过程,我们在重塑亲子关系的同时,也在和自己和解。我的童年或许不完美,但你的童年可以

> 你妈妈最后留给你什么遗产?

> 她去做了心理治疗。

更美好，这是每个父母内心深处的承诺。你正在通过这种改变，让你的孩子感受到更多的爱与安全，也在疗愈自己内心的创伤。

当然，改变并非易事。或许你会遇到恐惧和困惑，甚至有时会觉得迷茫。但请记住，这一切都值得。每一次的反思和调整，都是你重新认识自己、认识孩子的过程。过去的我们，可能在成长中经历过挫折、不安，甚至无奈。而现在，我们正在给孩子一个更完整的童年，给予他们我们曾渴望得到的温暖、支持与尊重。

走在这条路上，你不仅在为孩子创造一个更好的未来，也在改变你的世界、他们的世界。你曾经是孩子，如今是父母，这是一段相互交织的旅程。每一个今天，都是对曾经的你最好的回应。你用自己的经历，赋予孩子成长的力量，也让自己找到内心的平静。

我衷心感谢你读到这里。感谢你愿意回看自己的童年，愿意从"曾经是孩子"的角度重新审视自己，感恩你为孩子所做的努力。你正用爱、同情心和尊重，创造一个更好的世界——不仅为孩子，也为曾经的自己。

你正在改变世界。